U0782979

优化休闲体育服务体系：实施路径研究

孙晓宇　著

天津出版传媒集团

天津科学技术出版社

图书在版编目（CIP）数据

优化休闲体育服务体系：实施路径研究 / 孙晓宇著
. -- 天津：天津科学技术出版社，2023.8
ISBN 978-7-5742-1488-0

Ⅰ.①优… Ⅱ.①孙… Ⅲ.①休闲体育－研究－中国
Ⅳ.①G812.4

中国国家版本馆CIP数据核字(2023)第145469号

优化休闲体育服务体系：实施路径研究
YOUHUA XIUXIAN TIYU FUWU TIXI : SHISHI LUJING YANJIU

责任编辑：房　芳
责任印制：王品乾

出　　版：天津出版传媒集团
　　　　　天津科学技术出版社
地　　址：天津市西康路35号
邮　　编：300051
电　　话：（022）23332397
网　　址：www.tjkjcbs.com.cn
发　　行：新华书店经销
印　　刷：河北万卷印刷有限公司

开本 710×1000　1/16　印张 15.25　字数 210 000
2023年8月第1版第1次印刷
定价：88.00元

前　言

随着生活水平的提高和工作压力的增大，体育已不再只是职业运动员的专属领域，而变成了普通人日常生活的重要组成部分。特别是休闲体育，更是以其独特的娱乐、健身和社交功能，逐渐走进了人们的生活。然而，在我国，休闲体育服务体系还存在诸多问题，如服务设施不足，服务内容单一，服务技术落后等。这些问题的存在，无疑严重影响了休闲体育服务的效果，也制约了我国公共健康的提升。

为了解决这些问题，人们必须深入理解休闲体育服务体系的本质，找出问题的根源，并探寻优化的路径。休闲体育服务体系的优化，无疑将对公共健康产生深远影响，因为优化后的体育服务体系能够更好地满足人们的体育需求，从而提高人们的体育参与度，改善人们的健康状况，提升人们的生活质量。

正是基于以上背景，笔者选择了休闲体育服务体系优化及其对公共健康的影响作为本书的主题。本书的主旨在于，通过理论研究和实践探讨，系统地分析休闲体育服务体系的优化路径，以及优化后的体育服务体系对公共健康的影响，为我国休闲体育服务体系的建设和优化提供理论支持和实践指导。

本书内容主要包括以下几个方面：首先，笔者将深入探讨休闲体育服务体系优化的理念、目标和原则，为优化工作提供理论指导；其次，笔者将从多个方面分析休闲体育服务体系的优化路径，包括服务主体结

1 ◇

构、服务内容和方式、服务技术和设施等，为优化工作提供实践方向；最后，笔者将全面分析优化后的休闲体育服务体系对公共健康的影响，从而揭示优化工作的社会价值。

本书旨在为政策制定者、体育管理者、教育者和研究者提供有价值的参考。笔者相信，只有构建完善的休闲体育服务体系，才能真正发挥体育的社会功能，推动公共健康的发展，进而促进社会的全面发展。而要实现这一目标，就需要人们共同努力，不断探索，不断创新。希望本书能为大家提供一些思考和启示，也期待大家能对本书的研究提出宝贵的意见和建议。

目　录

第一章　概述

第一节　休闲体育服务体系及其优化的内涵

休闲体育服务体系及其优化的内涵，是一个深奥又需要仔细推敲的主题。优化休闲体育服务体系，是为了更好地满足社会公众的休闲体育需求，为公共健康的发展注入新的活力。在这个过程中，人们需要对服务主体结构进行优化，深化需求分析，提升服务技术，以及实现服务的个性化和多样化。

一、休闲体育服务体系的定义与重要组成部分

休闲体育服务体系是一个全面的、多元的体育活动平台，为人们提供丰富的休闲体育活动，是促进人们身心健康的重要途径。该体系涵盖了一系列休闲体育服务，包括但不限于体育场馆服务、体育教练服务、体育比赛服务、体育健身咨询服务等。其不仅有线下的实体服务，还有线上的虚拟服务，如线上运动教程、运动健身 app 等。

休闲体育服务体系的重要组成部分包括服务提供者、服务接受者、服务内容、服务方式和服务环境。服务提供者是提供休闲体育服务的单位或个人，包括体育场馆、体育教练、体育服务公司等。服务接受者是接受休闲体育服务的人群，主要是广大的体育爱好者和运动员。服务内容是提供给服务接受者的休闲体育活动，包括运动训练、体育比赛、健身咨询等。服务方式是提供休闲体育服务的方式和方法，包括线下服务和线上服务。服务环境是提供休闲体育服务的环境和条件，包括体育场馆环境、体育设备环境等。

二、休闲体育服务体系优化的内涵

休闲体育服务体系优化的内涵主要涉及以下几个方面。

（一）提升服务质量

在休闲体育服务体系优化的内涵中，提升服务质量被视为核心的目标。优质的服务体验不仅影响人们对体育活动的参与率，还影响整个休闲体育服务体系的运行效率和效果。因此，提升服务质量成为休闲体育服务体系优化的重要内容。

从理论和实践的角度看，服务质量是一个多元化和复杂的概念，包括服务的有效性、效率、及时性和个性化程度。有效性是指服务是否能满足用户的需求，达到预期的效果；效率是指服务是否能以最小的资源投入达到最大的服务输出；及时性是指服务是否能在用户需要的时间提供服务；个性化程度是指服务是否能满足用户的个性化需求。

提升服务质量的策略和措施应针对这些元素进行设计。例如，为提高服务的有效性，人们可以通过研究用户的需求，制定满足用户需求的服务内容和方式；为提高服务的效率，人们可以通过引入新的服务技术，如远程教学技术、虚拟现实技术、大数据分析技术等，提高服务效率；为提高服务的及时性，人们可以通过优化服务流程，减少服务延迟，提高服务响应速度；为提高服务的个性化程度，人们可以通过大数据分析技术，了解每个用户的个性化需求，提供个性化服务。

提升服务质量还包括提升服务提供者的技术能力和服务态度。服务提供者是服务体系的核心部分，他们的技术能力和服务态度直接影响着服务的质量。因此，提供全面的技术培训和服务态度指导，提升服务提供者的服务水平，是提升服务质量的关键。在技术能力方面，不仅要培养服务提供者传统的体育技能，还要培养服务提供者新的服务技术，如远程教学技术、虚拟现实技术、大数据分析技术等。在服务态度方面，需要培养服务提供者的服务意识，使其尊重用户、关心用户、以用户为中心，提供热情、专业的服务。

服务内容的吸引力和价值也是提升服务质量的关键。服务内容的吸引力和价值决定了用户是否愿意参与体育活动，是否愿意接受服务，对提升服务质量有着直接的影响。因此，持续创新服务内容，提高其吸引力和价值，是提升服务质量的重要方向。在服务内容的创新上，可以引入新的体育项目、新的体育方式、新的体育设施等，提供更加多样化、更加个性化的体育服务；在服务内容的价值上，可以通过提供健康指导、技能提升、社交交流等，提高服务内容的价值。

（二）持续创新

持续创新是休闲体育服务体系优化的重要方面，引入新的服务内容、方式和技术，可以满足用户的需求，提升服务质量，促进公共健康发展。作为休闲体育的政策制定者、体育管理者和教育者，其应该积极推动持续创新，并在学术和研究层面深入探讨其影响和应用。

创新服务内容是优化休闲体育服务体系的关键。人们可以通过开发新的运动项目、活动形式和服务项目来吸引更多的用户参与。例如，结合时下流行的健身趋势，引入新的训练方式和器械设备，提供多样化的健身课程和训练计划，满足用户对个性化和多样化的需求。此外，人们可以与其他相关领域合作，推出跨界合作项目，如与健康饮食专家合作推出健康餐饮方案，提供全方位的健康服务。

创新服务方式是优化休闲体育服务体系的重要途径。人们可通过引入线上线下相结合的服务模式，提供线上预约、线下实体体验、远程指导等多元化服务方式，让用户可以灵活选择适合自己的参与方式。此外，人们可以借助社交媒体和移动应用技术，建立在线社区和互动平台，促进用户之间的交流和分享，增强用户的参与感和归属感。

创新服务技术是推动休闲体育服务体系优化的重要驱动力。人们可利用人工智能、大数据分析、虚拟现实等先进技术，开发智能健身设备、个性化训练软件等创新产品，提供更智能化、个性化的服务体验。此外，人们应积极探索物联网技术在休闲体育服务中的应用，建立健康数据监测与分析系统，为用户提供个性化的健康管理和指导。

（三）系统性优化

休闲体育服务体系的系统性优化是确保整个体系协调运作、高效发展的关键。作为休闲体育的政策制定者、体育管理者和教育者，其需要从整体结构的角度思考，以实现休闲体育服务体系的系统性优化。以下是几个关键方面的探讨。

服务主体是指休闲体育服务的提供者，包括政府机构、体育组织、社区机构等。优化服务主体结构，有利于建立合理的组织架构和协作机制，促进各主体之间的密切合作与资源共享。政府应发挥引导和监管作用，制定相关政策和规划，提供资金和资源支持；体育组织应加强内部管理，提升服务能力和专业素质；社区机构应加强与基层社区的联系，满足社区居民的多样化需求。

优化休闲体育服务内容和方式的结构是为了提供多样化、个性化的服务。这可以通过调研和分析用户需求，设计符合不同人群的服务方案来实现。同时，人们应推广线上线下相结合的服务模式，结合移动应用、社交媒体等新技术，提供线上预约、线下实体体验、远程指导等多元化服务方式，以满足用户的不同需求和偏好。

优化休闲体育服务技术和设施的结构是为了提供更智能化、便捷化的服务体验。这可以通过引入先进的技术和设施，如人工智能、大数据分析、虚拟现实等技术，开发智能健身设备、个性化训练软件等创新产品来实现。同时，人们应加强对服务技术和设施的管理和维护，保证其稳定运行。

休闲体育服务体系是由多个组成部分相互联系、协同运作的复杂系统。为了实现系统性优化，需要建立有效的协作机制，以此推动服务体系的发展。政府机构、体育组织、社区机构等主体应加强沟通与合作，形成合力，共同制定发展策略和规划，推动休闲体育服务体系的整体优化。

（四）人本导向

人本导向是休闲体育服务体系优化的核心理念，通过充分关注用户的需求、喜好和体验，可以提供更加人性化和个性化的服务。作为休闲体育的政策制定者、体育管理者和教育者，其应该在学术和研究层面深入探讨人本导向对休闲体育服务体系优化的影响和。

人本导向的首要任务是深入了解用户的需求。人们可通过市场调研、问卷调查、用户反馈等方式，收集和分析用户的意见和建议，了解用户对休闲体育服务的期望和需求。同时，人们可关注不同人群的特点和需求差异，针对年龄、性别、健康状况等因素，提供差异化的服务方案。

基于对用户需求的深入理解，人们可以提供个性化的服务体验。人们通过提供个性化的运动项目、训练计划和活动形式，满足用户的偏好和需求。同时，人们可通过建立用户档案和健康管理系统，提供个性化的指导和关注，帮助用户实现自身目标，增强他们的参与感和满足感。

人本导向要求人们不断提升休闲体育服务的质量。要想提升休闲体育服务的质量，就要提供优质的设施和场地，营造安全和舒适的环境；提供专业的指导，保证训练的科学性和有效性；关注服务细节，提供周到的服务，解决用户的问题和困扰。通过不断改进和优化服务流程，提升服务效率和用户满意度。

人本导向要求人们积极倾听用户的反馈意见，建立开放的沟通渠道。人们可以设立用户意见箱、投诉热线等反馈机制，及时收集和回应用户的反馈。同时，人们应定期组织用户座谈会、访谈等活动，深入了解用户的感受和期望，不断改进和完善服务。

人本导向鼓励用户积极参与休闲体育服务体系的建设中，成为服务体系的共同建设者和受益者。人们可通过提供参与机会，鼓励用户参与决策、活动策划等过程，增强他们的参与意识和责任感。此外，人们可通过开展健康教育、普及体育知识等活动，提高用户对休闲体育的认识和参与意愿。

（五）多方协作

多方协作是休闲体育服务体系优化的重要策略，通过各方之间的协同合作，可以实现资源整合、效率提升和服务质量的提升。作为休闲体育的政策制定者、体育管理者和教育者，其应积极推动多方协作，并在学术和研究层面深入探讨多方协作在休闲体育服务体系优化中的应用和影响。

为了促进多方协作，人们需要建立起有效的合作平台。政府可以发挥引导和协调作用，组织座谈会等活动，提供合作机会和沟通交流的平台。同时，可以建立休闲体育服务领域的协作组织或协会，促进各方之间的交流与合作。

多方协作的关键是共享资源与信息。政府可以提供政策支持和资金支持，为休闲体育服务提供者提供必要的资源。同时，各服务提供者之间可以建立信息共享机制，共享市场调研数据、用户需求反馈、最佳实践经验等，以便更好地调整和优化服务。

多方协作应强调合作创新与共同研究。政府可以组织或支持相关的研究项目和创新实践，鼓励不同机构、学术界和企业之间的合作研究，使其共同解决休闲体育服务体系优化中的关键问题。同时，通过学术交流会议、研讨会等活动，促进知识分享和专业交流，提高整个行业的研究和创新水平。

为了有效推动多方协作，人们还需要培养协作意识与能力。政策制定者、体育管理者和教育者可以加强相关培训和教育，提高各方的协作能力。此外，鼓励交叉学科的合作与跨界合作，引入不同领域的专业人才，促进休闲体育服务体系优化的创新与发展。

综上所述，休闲体育服务体系优化的内涵是多方面的，包括提升服务质量、持续创新、系统性优化、人本导向、多方协作等。这些内涵需要人们在实际工作中全面考虑、全面实施，以真正实现休闲体育服务体系的优化。

第二节　研究意义与价值

一、社会方面

在社会方面，休闲体育在今天的社会发展中扮演着重要的角色。科技的飞速进步和社会的持续发展使得人们生活质量的提升成为可能，但压力也随之增大。竞争激烈的工作环境、快节奏的生活，都使得人们在追求物质生活的同时，也愈加重视精神生活和身体健康。休闲体育在这种情况下显得尤为重要。通过参与各种体育活动，人们可以在忙碌的工作与生活中寻找到休息和放松的机会，这对于保持良好的身心状态、增强身体素质、提高生活质量都具有重要作用。

然而，尽管休闲体育的重要性已被越来越多的人认识，但是现有的休闲体育服务体系在满足社会需求方面还存在许多不足，如服务内容的单一性、服务方式的落后性、服务设施的不足等，这些问题都严重限制了休闲体育服务体系的功能发挥和社会效益的产生。因此，深入研究休闲体育服务体系，并探索其优化路径，显得尤为重要。

对休闲体育服务体系进行深入研究，有助于人们理解并解决上述问题，以此推动休闲体育服务体系的发展，提高其服务质量，满足社会公众的需求。深入研究休闲体育服务体系，不仅是理论上的探索，更是实践中的需求。这既有利于人们从宏观角度了解休闲体育服务体系的现状和问题，也有利于人们在实践中找到解决问题的方法和策略。

从微观角度看，休闲体育服务体系优化有利于提高服务的效率和质量，满足公众的多元需求。例如，人们可以通过优化服务方式，使服务更加贴近用户需求，提高服务满意度；人们可以通过优化服务设施，使设施更加完善和高效，提高服务效率；人们可以通过优化服务内容，使服务更加丰富和多元，满足公众的多元需求。

从宏观角度看，休闲体育服务体系优化有助于促进整个社会的健康发展，实现社会的和谐稳定。例如，人们可以通过优化休闲体育服务体系，推动休闲体育产业的发展，带动经济的增长；人们可以通过优化休闲体育服务体系，促进公众的健康，提高公众的幸福感；人们可以通过优化休闲体育服务体系，增强社会的凝聚力和稳定性，实现社会的和谐稳定。

二、经济方面

在全球经济格局中，休闲体育服务体系的优化不仅具有显著的社会意义，还具有经济意义。现今社会，休闲体育服务已经蜕变成为一个重要的经济增长点和就业创造领域，为全球经济发展注入了新的动力。

统计数据显示，全球休闲体育产业的总产值已经超过了数千亿美元，为各国的经济发展做出了重要贡献。这一数字不仅反映出休闲体育产业的庞大规模，更凸显出其经济价值。这种经济价值主要体现在两个方面：一方面，通过提供高质量的休闲体育服务，吸引更多的消费者，扩大市场份额，带动经济增长；另一方面，休闲体育服务的发展也推动了相关产业的发展，如体育装备制造、体育旅游、体育媒体等，这些产业的发展进一步带动整个经济的发展。

休闲体育服务体系的优化，更是为经济发展开辟了新的路径。优化休闲体育服务体系，不仅能够提高服务质量，吸引更多的消费者，提高市场份额，还能够通过创新服务方式，开辟新的市场空间，拓展新的经济领域。例如，通过引入新的服务技术，如远程教学技术、虚拟现实技术和大数据分析技术等，可以提高服务的效率和质量，提高消费者的满意度；通过优化服务设施，如建设和改造体育场馆，可以提高设施的使用率，提高服务的效率。

此外，优化休闲体育服务体系还具有显著的就业创造效应。休闲体育产业的发展需要大量的专业人才，如教练员、服务员、管理人员等。这为社会提供了大量的就业机会，有助于解决就业问题，稳定社会局势。同时，休闲体育产业还可以培养和吸引大量的志愿者，通过志愿者服务，既可以提高服务的效率和效果，也可以提高公众的参与度和社会责任感，从而促进社会的和谐和稳定。

三、学术方面

深度研究和优化休闲体育服务体系在学术领域具有举足轻重的地位。从各个角度深化对休闲体育服务体系的理解可以提升人们对体育学、体育社会学、体育心理学、体育经济学等相关学科的认识。在优化休闲体育服务体系的学术研究领域，存在大量新兴的、未被完全探索的课题。这些课题包括服务需求分析、服务主体的角色定位、服务技术的引入和发展、服务设施的优化和升级等，不仅具有理论研究价值，还与现实生活中的应用紧密相连。

实证研究是学术研究的重要组成部分，而优化休闲体育服务体系的研究为实证研究提供了丰富的实际案例和数据。通过大数据分析和实地调查，人们可以深入了解休闲体育服务的需求情况、消费者的行为和态度、服务设施的使用情况和满意度等。这些数据不仅可以用于检验和验证理论假设和模型，提高研究的准确性和可靠性，还可以为服务体系优化方案的评估提供科学依据。

此外，优化休闲体育服务体系的研究还可以提高科研工作的效率和影响力。在科研工作中，对休闲体育服务体系优化的深入研究有助于提高整体的效率和影响力。这项工作的重要性不能被低估，因为它为科研人员提供了评估工具和决策依据，可以使其更高效地进行科研工作，并提高研究质量。评价体系的建立是一个关键环节。评价体系需要充分考虑服务体系中各个环节的特性，如服务提供者的技术水平、服务设施的完善程度、服务过程的顺畅度、服务结果的满意度等。同时，评价体系也需要考虑到服务体系的全局性，如服务体系的稳定性、灵活性、可持续性等。只有这样，评价体系才能全面地、准确地反映出服务体系的优化程度。当然，优化模型的建立也是必不可少的。优化模型是基于理论和数据，通过科学的计算和分析，确定出最优的策略和方法。例如，人们可以建立需求预测模型，通过分析历史数据和社会环境，预测未来的服务需求。又如，人们可以建立资源配置模型，通过优化算法，实现服务资源的最优分配。这样，优化模型就能为服务体系的优化决策提供科学的依据。

休闲体育服务体系的优化研究也有助于推动休闲体育产业的持续发展。体育政策制定者、体育管理者、教育者等可以参考优化研究的成果，制定更科学、更有效的管理策略和教育方法，提升休闲体育服务的质量和效率，满足社会的休闲体育需求。

四、实践方面

在实际生活中，休闲体育服务体系作为一个服务广大公众的重要平台，其优化和改进对于推动社区的公共健康、提高人民的生活质量、营造和谐的社会环境具有重要的实践价值。基于人民日益增长的体育休闲需求，如何更好地提升休闲体育服务的质量，让更多人参与其中，享受到健康、快乐的体育休闲活动，是人们面临的重要挑战。

首要的实践问题在于如何提升休闲体育服务的有效性和效率。其主要包括如何确定服务的目标和范围，如何定位服务的主体，如何设计和提供服务内容，如何利用新的服务技术和设施，如何评价和改进服务质量等。这些问题不仅涉及休闲体育服务的基本原理和方法，还涉及服务管理的策略和技巧。在这个过程中，人们需要结合休闲体育服务的实际情况，运用科学的研究方法，提出并实施一套具有实际操作性的服务体系优化策略。

其次，休闲体育服务体系的优化也需要考虑到社会环境的变化和发展。随着社会的进步和人们生活方式的变化，人们对休闲体育服务的需求也在不断变化。这就要求人们能够灵活地调整服务体系，以适应新的需求和挑战。而如何引入新的服务项目和服务模式，如何利用新的技术和设施提高服务的吸引力和满意度，如何设计和实施新的服务策略和方法，以及如何评价和改进新的服务效果等，都需要人们在实践中进行持续的研究和探索。

最后，休闲体育服务体系的优化也需要考虑到服务的可持续性和公平性。人们需要保证休闲体育服务能够长期稳定地为公众提供高质量的服务，同时需要保证所有的人都能平等地享受到服务。这就要求人们在服务体系的优化过程中，充分考虑到资源的合理配置和利用，以及服务的公平性和包容性。这些问题不仅涉及服务管理的原则和规范，还涉及服务政策的设计和实施。

综上所述，休闲体育服务体系优化的研究，无论从社会方面、经济方面、学术方面还是实践方面来看，都具有重要的价值，值得人们深入研究和广泛关注。

第三节 研究目标与方法

一、研究目标

本研究主要是从理论和实践两个层面，对休闲体育服务体系的优化进行深入研究。在理论上，本研究旨在构建和发展休闲体育服务体系优化的理论体系；在实践上，本研究试图提出一套具有实效性的休闲体育服务体系优化策略和方法，并通过实证分析来验证其有效性和适用性。

（一）理论层面

理论研究旨在对休闲体育服务体系的优化进行深入的探讨，主要包括了解和理解休闲体育服务体系优化的内涵、理念、目标、原则和要素，以丰富和发展相关的理论知识。此外，理论研究还尝试构建一个评价休闲体育服务体系优化效果的评价体系和模型，以提供一个科学的评价工具。

休闲体育服务体系是一个多元化、多层次、多领域的综合体系。优化的过程就是在不断地完善和发展中，力求使每一个部分、每一个环节、每一个要素都达到最优的状态，形成一个高效、高质、高满意度的服务体系。因此，要想理解其内涵，就要深入了解和研究休闲体育服务体系的构成部分、运行机制、服务过程、服务效果等各个方面，找出存在的问题和不足，提出科学的优化方案。

理念是指导行动的信念和观念，是休闲体育服务体系优化的精神支柱和行动指南。要想形成优化理念，人们不仅需要深入理解休闲体育服务体系的内涵，还需要关注社会环境、文化背景、价值取向等外部因素。因此，研究休闲体育服务体系优化的理念，就是要关注、研究休闲体育服务体系和社会、文化、价值等因素的关系，揭示其优化的动因和目标，提出符合社会发展和人民需求的优化理念。

休闲体育服务体系优化的目标，是优化行动的方向和终点。设定科学的优化目标，是优化工作的起点和前提。因此，研究休闲体育服务体系优化的目标，就是要基于对其内涵和理念的深入理解，分析和确定优化的方向和终点，形成一个符合实际、可操作、可衡量的优化目标体系。

优化的原则，是优化行动的规范和准则。遵循科学的优化原则，是优化工作的保证和要求。因此，研究休闲体育服务体系优化的原则，就是要基于对其内涵、理念和目标的深入理解，探讨和确定优化的规范和准则，形成一个符合休闲体育服务体系特性和优化需求的优化原则体系。

休闲体育服务体系优化的要素，是优化行动的基础和条件。掌握和利用科学的优化要素，是优化工作的关键和技巧。因此，研究休闲体育服务体系优化的要素，就是要基于对其内涵、理念、目标和原则的深入理解，研究和确定优化的基础和条件，找出影响优化的关键因素，提出有效的优化策略和方法。

同时，理论研究还尝试构建一个评价休闲体育服务体系优化效果的评价体系和模型。这个评价体系和模型将以休闲体育服务体系优化的内涵、理念、目标、原则和要素为依据，以其优化效果为衡量指标，通过科学的方法和手段，对优化效果进行定性和定量的评价，提供一个科学的评价工具。

总的来说，理论研究的目的就是要深入理解和研究休闲体育服务体系优化的各个方面，构建和发展休闲体育服务体系优化的理论体系，为优化工作提供理论指导和支持。这既是一个科学的探索和发现过程，也是一个理论与实践、知识与行动相结合的创新和提升过程。

（二）实践层面

实践研究是理论研究的延伸和深化，也是知识转化为行动的重要途径。实践研究的主要任务就是把理论研究的成果应用到实际工作中，解决实际问题，实现理论与实践的有机结合。在实践研究中，研究者主要针对实际问题，提出一套具有实效性的休闲体育服务体系优化策略和方法，并通过实证分析来验证其有效性和适用性。

在休闲体育服务体系优化的实践研究中，策略和方法是研究者的主要工具。策略是研究者应对问题和挑战，实现优化目标的行动方案；方法则是研究者执行策略，完成优化任务的操作手段。因此，策略和方法是影响优化效果的重要因素。在此研究中，研究者要找出最适合休闲体育服务体系优化的策略和方法，为优化工作提供科学的指导和支持。

在策略的选择和使用上，人们会关注休闲体育服务体系的特性和需求，以及优化的目标和原则，以此选择最适合的优化策略。这些策略可能涉及休闲体育服务体系的服务主体、服务对象、服务内容、服务方式、服务环境等多个方面，需要人们根据实际情况，灵活运用和巧妙组合。

在方法的选择和使用上，人们会关注休闲体育服务体系的运行机制和优化要素，以及优化的任务和要求，以此选择最适合的优化方法。这些方法可能涉及休闲体育服务体系的组织管理、资源配置、技术创新、质量控制等多个方面，需要人们根据实际情况，科学操作和精细操控。

实践研究的一个重要任务，就是通过实证分析来验证优化策略和方法的有效性和适用性。实证分析是一种基于数据和证据，对策略和方法的效果进行验证的研究方法。在实证分析中，人们会收集和分析与休闲体育服务体系优化相关的数据和信息，通过比较和评价，判断策略和方法的效果，找出优化成功的因素和失败的原因，提供优化工作的反馈。

实践研究的另一个重要任务，就是密切关注实践中出现的新问题和新挑战。实践是研究的源泉，也是检验研究的试金石。只有深入实践，才能发现新问题，提出新思想，创造新方法，形成新理论。因此，人们在实践研究中，不仅要关注已有的问题和挑战，还要关注新出现的问题和挑战，以确保自身的研究能够紧密地与实践相连接，具有较高的实用价值。

总的来说，实践研究是人们研究休闲体育服务体系优化的一个重要方向，也是人们提升优化效果、促进公共健康的一个重要手段。通过实践研究，人们不仅可以把理论知识转化为实际行动，还可以把实际问题转化为理论研究，实现知识与行动的双向转化，推动休闲体育服务体系优化的持续进步。

二、研究方法

为了实现以上的研究目标，本研究在追求深度与广度的平衡中，设计了五种研究方法：文献研究法、实证研究法、比较研究法、系统分析法和案例研究法。希望能够利用其全面且深入地探讨休闲体育服务体系优化问题。

（一）文献研究法

文献研究法是人们构建理论框架、明确研究目标和路径的重要工具。通过对国内外相关文献的深入阅读和分析，人们可以梳理休闲体育服务体系优化的理论基础，了解研究的历史和现状，探寻研究的空白和边界，明确研究的问题和方法，以此为自身的研究打下坚实的理论基础。

在这个过程中，人们需要关注的不仅是文献的内容，更是文献背后的思想和方法。只有深入理解和掌握这些思想和方法，人们才能在理论上有所创新、方法上有所突破，最终实现研究的深度和广度的提升。因此，人们在阅读和分析文献的同时，也会注重提炼和积累文献的思想和方法，为自身的研究提供丰富和深厚的理论资源。

虽然文献研究的目标是理论，但人们不能忽视实践。在阅读和分析文献的过程中，人们要关注文献的实践价值，尤其是文献对于休闲体育服务体系优化的启示。通过这种方式，人们可以把理论与实践紧密地结合在一起，把理论的指导和实践的需求有机地融合，使自身的研究在理论上有深度，在实践上有广度，既有学术价值，又有实用价值。

（二）实证研究法

实证研究法是人们了解实际情况、验证理论假设的重要工具。通过设计调查问卷，人们可以对休闲体育服务体系的使用者进行调查，收集一手数据，了解实际情况，并基于这些数据进行实证分析。

在这个过程中，人们要坚持问题导向，关注实际需求，瞄准研究目标，深入实践，广泛调查，精确测量，严谨分析，以期在真实的数据中发现真实的问题、揭示真实的规律、验证真实的假设、提出真实的策略、推动真实的改革。这种实证的态度、实践的方法、实在的目标，将使人们的研究具有强烈的真实感和生动感，能够深入人心、触动心灵、引发反思、激发改革、推动发展。

虽然实证研究的目标是实践，但人们不能忽视理论。在调查和分析数据的过程中，人们要关注数据的理论价值，尤其是数据对于休闲体育服务体系优化的理论启示。通过这种方式，人们可以把实践与理论紧密地结合在一起，把实际的观察和理论的解释有机地融合，使自身的研究在实践上有深度，在理论上有广度，既有实用价值，又有学术价值。

（三）比较研究法

比较研究法是人们借鉴经验、引导创新的重要工具。通过对国内外优秀的休闲体育服务体系进行比较研究，人们可以了解它们的优点和不足，进而为优化我国的休闲体育服务体系提供参考。

比较是一种寻找差异和相似性的方法，差异使人们看到多样性，相似性使人们发现一致性。通过比较，人们不仅可以看到不同休闲体育服务体系的独特性，还可以发现它们之间的共性。其独特性和共性的发现，有助于人们理解休闲体育服务体系的多元化和一体化，从而更好地把握休闲体育服务体系的优化。

同时，比较也是一种学习和借鉴的方法。通过比较，人们可以学习其他休闲体育服务体系的优秀经验，借鉴它们的成功做法，避免它们的错误路径，以此提升我国休闲体育服务体系的优化质量和水平。

（四）系统分析法

系统分析法是人们理解问题、解决问题的重要工具。系统分析法为人们理解和处理休闲体育服务体系优化问题提供了一个有力的工具。这种方法基于系统科学的原理，把休闲体育服务体系视为一个完整的、有机的、动态的系统，并且分析休闲体育服务体系的各个方面。

在使用系统分析法研究休闲体育服务体系的优化问题时，人们首先要明确系统的边界和结构。休闲体育服务体系包含了诸如体育设施、服务人员、消费者、管理政策等多个部分，这些部分互相联系、互相影响，共同构成了休闲体育服务体系的整体结构。在这个过程中，人们需要关注系统内各部分的作用和地位，了解它们之间的关系，揭示系统的内在运行机制和规律。

其次，人们要对系统的功能和效能进行分析。休闲体育服务体系的功能主要是提供优质的休闲体育服务，满足人们的休闲体育需求。休闲体育服务体系的效能既体现在其服务质量和服务效率上，也体现在其对社会经济、人体健康等多方面的影响上。在这个过程中，人们需要考察系统的功能是否得到了有效的发挥，系统的效能是否达到了预期的目标，从而为系统优化提供依据。

再次，我们要对系统的动态和变化进行分析。休闲体育服务体系不是静止不变的，而是处于持续变化和发展中的。这种变化可能来自内部，如技术的创新、管理的改革等，也可能来自外部，如市场的变化、政策的调整等。在这个过程中，人们需要关注系统的变化趋势和影响因素，预测系统的未来发展，从而为系统优化提供指向。

最后，人们要对系统的问题和策略进行分析。休闲体育服务体系在运行中可能会出现各种问题，如服务质量低下、资源配置不合理等，这些问题都需要通过优化策略来解决。在这个过程中，人们需要识别系统存在的问题，制定相应的优化策略，确保系统的持续优化和发展。

（五）案例研究法

案例研究法是人们学习经验、积累智慧的重要工具。通过选取具有代表性的优化案例进行深入研究，人们可以分析其成功的经验和失败的原因，为实践提供有价值的参考。

案例研究法在休闲体育服务体系优化中的应用具有非常重要的意义。通过对具有代表性的优化案例进行深入研究，人们可以得到丰富的实践经验，了解各种优化策略在实际操作中的效果和影响，从而更好地指导自身的理论研究和实践操作。

在案例研究过程中，研究者们首先需要精心选取案例。这些案例应该具有一定的代表性和教育性，既可以反映出休闲体育服务体系优化的通用规律和特点，又可以揭示出具体的实践环境和条件对优化效果的影响。这些案例可以来自不同的地区和国家，可以来自不同的领域，可以涵盖不同的优化策略和方法。

其次，在选取案例之后，研究者们需要对案例进行深入的研究和分析。其主要包括对案例的背景和所处环境进行描述，对案例的实施过程和结果进行展示，对案例的优化策略和方法进行评价，以及对案例的成功经验和失败原因进行总结。在这个过程中，其应该充分运用科学的研究方法，如数据分析、逻辑推理、因果分析等，确保自身的研究结果具有科学性和可信性。

再次，研究者需要在案例研究的基础上，提炼和总结出一套有效的休闲体育服务体系优化的策略和方法。该策略和方法应该具有普适性和操作性，可以被广泛地应用于休闲体育服务体系的优化实践中。同时，研究者也需要根据具体的实践环境和条件，对该策略和方法进行适当的调整和改进，确保它们的适用性和有效性。

最后，研究者应该将案例研究的结果以及自身所制定的策略和方法分享给公众，尤其是那些从事休闲体育服务体系优化工作的实践者，以便他们能够从中获得启示和帮助。同时，研究者们也应该鼓励公众参与到案例研究中来，以便研究者能够获得更多的反馈和建议，以此不断完善自身的研究成果。

通过以上的研究方法，笔者相信能够对休闲体育服务体系的优化进行深入研究，达到研究目标，为推动休闲体育服务体系的发展和优化做出贡献。

第二章　休闲体育服务
体系优化的成效与挑战

第一节　当前休闲体育服务体系优化的成效

一、休闲体育设施体系优化成效

（一）休闲体育设施体系优化的作用

1. 改变公众身体素质，促进体育消费需求增长

休闲体育设施的优化不仅能够改变公众的精神风貌和身体素质，还能够促进体育消费需求的增长，为实现全民健身计划和国家体育工作目标做出重要贡献。休闲体育设施的优化可以更好地满足公众的多样化需求，有些人喜欢户外运动，如跑步、骑行和徒步等，而有些人更倾向于室内运动，如打羽毛球、打篮球等。通过优化休闲体育设施的布局和设计，可以提供更加多元化的运动选择，满足不同人群的需求，让公众选择适合自己的运动方式，从而更好地参与到体育活动中去。通过提高设施的数量和质量，改善设施的维护和管理，提供良好的运动环境和设备，可以为公众创造更好的体育体验。例如，改善运动场地的硬件设施，增加休息和更衣区域的舒适度，提供更加便捷的服务设施等，都能够提升公众的舒适感和满意度。此外，随着经济的发展和人民生活水平的提高，人们对体育消费的需求逐渐增加。优化休闲体育设施可以提供更多元化、高品质的体育服务和产品，吸引更多人参与体育活动，带动体育消费的增长。例如，引入专业的健身教练和培训课程，提供个性化的健身方案和定制化的服务，开展各类体育赛事和文化活动等，都可以激发公众对体育消费的兴趣和需求。

2. 提高体育参与度，推进全民健身计划

优化休闲体育设施建设，可以提供多样化的体育活动场所，满足不

同群体的体育需求。例如，建设多功能的体育馆、体育场、游泳池等设施，为各类体育运动和活动提供合适的场地，使公众能够选择适合自己的运动方式，提高体育参与度。优化休闲体育设施可以提升体育服务的质量。通过改善设施的硬件设备、提供便捷的服务设施和提升管理水平，可以提供更好的体育体验，提高公众对体育活动的满意度。良好的体育服务质量有助于增强公众的参与热情，促进体育消费需求的增长。休闲体育设施的优化对于推进全民健身计划具有重要意义，有助于推动更多人参与体育锻炼，提升国民的体质和健康水平。优化休闲体育设施有助于促进体育旅游和体育产业的发展。通过建设具有吸引力和竞争力的体育设施，吸引国内外的体育赛事和活动举办，吸引更多的体育爱好者前来参观和体验。同时，休闲体育设施的优化也为相关的体育产业提供了更广阔的发展空间，推动体育产业的繁荣和经济增长。

3. 保障与维护人民群众的健康与切身利益

优化休闲体育设施体系可以为人民群众提供更多、更好的健身场所和设施，鼓励公众参与体育活动，从而增强身体素质、改善健康状况，预防和减少慢性疾病的发生。有研究表明，定期进行适度的体育锻炼对心血管系统、呼吸系统等方面都有积极影响。优化休闲体育设施体系有助于加强社区凝聚力和促进社区互动。当人们利用体育设施进行锻炼时，有机会结识社区的其他居民，增进了社区的联系和互动。其有助于建立社区认同感和归属感，促进社区的和谐发展。休闲体育设施为人们提供了释放压力、舒缓情绪的场所和机会。体育锻炼可以释放人身体中的内啡肽和多巴胺等化学物质，使其产生愉悦感和放松感，有助于缓解焦虑、抑郁等心理问题。通过优化休闲体育设施体系，可以提供更多的教育和普及体育知识的机会。例如，配备健身指导员、体育教练等专业人员，为公众提供健身指导和培训。此外，举办健康讲座、体育活动等，也可以深化公众对体育知识的了解和认识，促进健康生活方式的普及。

（二）休闲体育设施体系优化的管理成效

1.分类推动了休闲体育设施体制改革

（1）明确主体，强化监管，确保城市社区体育设施体系优化的成效。政府在城市社区体育设施体系优化中扮演着核心角色，必须发挥其在优化过程中的作用，并对其投入的范围进行明确规定。在城市社区体育设施体系的优化过程中，政府的功能主要体现在两个方面，一是管理，二是保障。从管理层面来看，政府主要是通过行政措施和法律法规，对城市社区体育设施进行规划与布局，制定相应的监督和管理策略。这不仅涉及对设施的定位、规模、布局、建设标准等方面的规定，还涉及对设施使用、管理、维护等方面的监督和管理。从保障层面来看，政府的功能主要体现在资金保障和后期保障上。资金保障主要是通过政府投资，为社区体育设施体系的优化提供必要的资金支持。这需要政府明确投资范围，确定投资规模和方式，以及制定合理的投资策略。后期保障则主要是通过政府的协调和服务，确保社区体育设施的正常运行和维护。这既包括对设施的使用和管理提供指导和支持，也包括对设施的维修和更新提供资金和技术保障。具体而言，政府需要在社区体育设施体系优化的各个环节中发挥作用，包括规划设计、投资优化、运行管理、服务提供等。在规划设计阶段，政府需要进行科学合理的规划，以满足社区的体育需求；在投资优化阶段，政府需要提供足够的资金支持，以保证社区体育设施体系的优化效果；在运行管理阶段，政府需要提供有效的管理和服务，以保证设施的使用效果；在服务提供阶段，政府需要提供高质量的服务，以满足社区居民的体育需求。总的来说，政府在社区体育设施体系优化中发挥着不可替代的作用，人们需要充分认识政府的作用，以推动社区体育设施体系的优化。

在体育设施的优化与监管中，体育职能部门应扮演主导角色，明确职责并提升监管能力。在整个建设流程中，管理与监督是体育职能部门的核心职责。体育职能部门在管理职能方面应根据当前体育设施的实际状况制定相关管理政策，这涉及设施使用规定、设施维护与更新规定以及相关的安全标准。只有针对性的管理政策，才能有效地保障体育设施的正常运作和使用者的权益。监管职能是其另一重要职能，体育职能部门需要积极参与设施的规划过程，对已规划的体育设施制定相应的验收标准，确保优化过程中的每一步都符合规定的标准和要求。在项目完工后，这些部门应主动参与验收工作，检查设施是否满足设定的验收标准，验收内容包括设施的功能、安全性和适用性等。在此基础上，体育职能部门还需要持续跟踪设施的使用状况，并据此调整、优化管理策略和监管标准，还需要与其他相关部门、设施的运营者以及使用者保持密切的联系，听取他们的反馈和建议，持续提升设施的管理和服务水平。体育职能部门在体育设施优化与监管中起着至关重要的作用。他们既需要有高超的管理能力，对设施进行规范的运营管理，又需要有强大的监管能力，确保设施的建设与使用都符合规定的标准和要求。因此，需要持续提升体育职能部门的管理与监管能力，这既是他们履行职责的需要，也是推动体育设施建设与服务水平提升的必要条件。

为了提高城市社区体育设施体系的优化水平，需要探索新的优化模式。社区体育设施既是一种重要的公共资源，也有其市场价值。因此，既可以利用市场机制优化资源配置，也需要考虑如何更好地服务公众。政府可以考虑采用服务购买模式进行体育设施体系的优化，即政府将体育设施体系的优化和维护工作外包给专业的运营商，这些运营商可以通过竞标方式获得优化权。此种方式可引入市场竞争，有助于提升服务质量和效率。政府则需要作为监管者，确保运营商的优化质量满足标准，并对其进行定期评估。此外，还可以建立用户付费模式，在这种模式下，使用设施的用户需要支付一定的费用。这种模式可在一定程度上减少体育设施体系的优化和维护成本，也能调动用户合理使用设施的积极性。同时，政府需要对收费标准进行合理设定，并保障低收入群体的使用权益。政府还应考虑建立公私合作模式，在这种模式下，政府与私人企业共同投资优化和运营体育设施，共享设施的收益。这不仅可以引入私人资本和管理经验，提升体育设施体系的优化效率，还可以降低政府的财政压力。

（2）创新管理体制，优化农村休闲体育设施体系的供给环境。在进行休闲体育设施体系的优化时，需要确保各级决策与群众需求的有效对接。在短期内，自上而下的决策形式可能仍然是主要的决策方式，但是需要更加关注农村群众的体育需求。这意味着在休闲体育设施体系的规划和优化中，应充分考虑农村的特殊性和多样性。同时需要正确认识到，农村地区的地理环境、文化背景以及体育需求与城市有着显著的区别。因此，不能简单地将城市的体育设施体系模式复制到农村，而是需要结合农村的实际情况，进行具有区域性和民族性的规划和设计。此外，还需要更加积极地听取农民的需求和意见，这可以通过开展社区调查、听取农民代表的建议，甚至让农民参与到体育设施体系的设计和规划中来实现。在决策过程中，将自上而下和自下而上的决策方式有机结合。自上而下的决策可以保证休闲体育设施体系建设的系统性和科学性，而自下而上的需求表达可以保证休闲体育设施体系优化的针对性和实用性。

人们需要对"农民体育健身工程"的发展策略进行改革，重新考虑农村休闲体育设施体系的优化方式。以往可能过于侧重全国范围内的统一体育设施体系供给，而未能充分注意每个农村地区的独特性。这种独特性不仅体现在地理和经济条件上，更体现在农村人民的体育需求和生活习惯上。不同的地区和民族可能有不同的体育健身习惯和偏好，如一些地方可能更倾向于团体运动，而另一些地方可能更喜欢户外活动。因此，需要在优化休闲体育设施体系时实现差异化，不再简单复制和推广，而是根据每个地区的实际情况进行细致的设计和规划。在农村休闲体育设施体系的优化过程中，不能再单纯以政府或专家的视角为主，而应更多地以农民群体的需求为引导。这意味着相关人员需要深入农村，了解农民的实际需求，甚至让农民参与到休闲体育设施体系的设计和决策中来，使得休闲体育设施体系能更好地服务于农民，从而提高农民对体育设施的满意度和使用率。

在改革和创新农村休闲体育设施体系管理模式的过程中，应坚持制度创新，完善产权结构，并明确各类主体的责任。在产权结构方面，需要在尊重公共产权的基础上，进一步探索公私合作（PPP）模式，引入社会资本，使其参与农村休闲体育设施的运营。通过改革产权结构，将社会资本的活力引入农村休闲体育设施建设，既可以提高建设和运营效率，也可以减轻地方政府的财政压力。在制度优化方面，健全休闲体育设施的规划、运营、监管等制度，明确各级政府和相关主体在休闲体育设施管理中的职责，以规范休闲体育设施的优化和运营行为，确保休闲体育设施的公平、公正和公开。此外，需要明确地方政府在农村休闲体育设施体系优化和管理中的主导地位和义务。地方政府既是休闲体育设施体系的策划者和投资者，也是休闲体育设施体系的管理者和监管者。因此，在推动农村休闲体育设施体系的优化和管理改革中，需要明确其职责，加强地方管理。

（3）积极推动体育设施体系的管理机制创新，强化体育设施体系的公共服务供给能力。为了最大限度地发挥体育设施体系的公共服务功能，优化公共服务供应，人们必须深化体育设施体系的管理模式改革。这涉及体系、机制和政策等多个方面的创新和调整，需要以问题为导向，逐一解决制约体育设施体系提供公共服务的难题。在体系层面，体育设施体系应逐步脱离传统的事业单位管理模式，向现代企业管理模式转变。这需要在明确体育设施体系的公共服务职责的同时，赋予它相应的经营自主权，使其在满足公共服务需求的同时，也能通过市场运作实现自我发展和完善。在机制层面，需要完善体育设施体系的运营机制和评价机制。体育设施体系的运营机制需要平衡公益性和经济性，不能过度追求经济效益而忽视公共服务目标。其评价机制需要强调效果评价，通过建立公开透明的评价体系，促进体育设施体系提供更优质、更多元化的公共服务。在政策层面，政府需要制定相应的政策，鼓励和支持体育设施体系提供公共服务，如给予税收优惠、提供财政补贴等，通过制度设计，推动体育设施体系的改革深入发展。这些改革不是一蹴而就的，而需要在实践中不断摸索和试验，总结经验和教训，逐步形成符合我国实际情况的体育设施体系管理改革路径。同时，也需要注意预防改革过程中可能出现的问题，如公共服务的滑坡、体育设施过度商业化等，确保体育设施体系真正成为服务公众的良好平台。

为提高体育场馆的运营效率与公共服务水平，针对不同规模的体育场馆，需要使用不同的改革策略。其改革策略不仅应该反映出公共服务的核心价值，还要考虑到体育场馆的运营需求和可持续性。对于中小型体育场馆，由于它们主要面向本地社区，提供基础的公共体育服务，因此可以作为公益一类事业单位进行管理。这意味着它们的运营资金应纳入财政预算，以保证体育场馆能够免费或以较低价格向公众开放。这种方式的优点在于能够最大限度地满足社区居民的体育需求，促进公共体育文化的发展。然而，对于大型体育场馆来说，由于其运营规模较大，服务范围较广，所以除了提供基础的公共服务，还可能涉及一些非基本公共服务，这些服务往往具有一定的经营性质。对这类体育场馆的管理，可以按照公益二类事业单位的标准进行。政府可以通过购买公共服务、提供财政补贴等方式支持这些体育场馆的运营，同时允许其通过市场化运营来获取一部分经营收入。在这个过程中，引入专业运营机构或成立场馆运营公司被视为一种有效的策略。这样做的目的是建立市场化的运营机制，通过企业化的运营方式，提高大型体育场馆的市场运营能力，增加其经济效益，从而为公共体育服务的提供打好基础。这种模式的优点在于能够有效利用市场的力量，优化资源配置，提高运营效率，同时可以引入专业人才，提升体育场馆的服务质量。

无论是按照公益一类还是公益二类的标准进行改革，体育场馆的管理团队都需要考虑到其员工的养老、医疗等社会保障需求。为此，社会统筹的养老、医疗等社会保障制度的建立就显得尤为重要。对于体育场馆来说，一方面，员工是其提供服务的重要组成部分，他们的福利保障直接关系到体育场馆的稳定运营与服务质量。如果不能确保员工的养老、医疗等社会保障，可能会导致员工流失，进而影响到体育场馆的公共服务供给能力。另一方面，由于体育场馆的公益性质，其经营预算往往较为紧张，因此，如果能够通过改革传统的行政事业单位社会保障体制，减轻体育场馆在养老、医疗保险等方面的负担，就可以让更多的资源投入公共服务的提供上，进一步提升体育场馆的公共服务水平。然而，社会统筹的养老、医疗等社会保障制度的建立并非一蹴而就的事情，它需要政府、社区、企业和个人等方面共同参与和协作。政府需要出台相应的政策，明确社会统筹的养老、医疗等社会保障制度的基本框架和运行机制，同时要设立相应的监管机制，确保这一制度的公平性。社区和企业则需要积极配合政府的政策，为员工提供符合规定的社会保障。个人需要了解并理解这一制度，以便更好地享受其带来的福利。

2. 增强顶层设计，优化供给制度，提高休闲体育设施专业化水准

（1）资源整合，扩大投资，优化城市社区休闲体育设施体系。在保证城市社区体育设施顺利发展的过程中，政府财政支持是关键的一环。政府需要确保在城市总体规划中充分考虑到休闲体育设施，并为其安排相应的财政预算，满足设施建设和运营的基本资金需求。然而，只依靠政府的投入无法满足公众日益增长的体育需求，也无法实现设施的持续、高效运营。因此，除了政府的投入，还需要积极引入社会资本。为实现这一目标，可以通过体育彩票公益金、社会捐赠等多元化投资渠道，引导社会资金投入，形成多元化投资体系，提高休闲体育设施的运营效率和服务质量。此外，政府可以通过提供优惠政策和激励机制，吸引企业或个人参与到休闲体育设施的建设和管理中。例如，政府可以提供税收减免、土地出让金优惠等政策支持，并设立奖励机制，对在社区体育设施建设中表现优秀的企业给予奖励，激励更多的企业和个人参与到社区体育设施的优化与完善中。

　　城市社区休闲体育设施的服务功能可以通过资源整合和协同发展来扩展，优化城市中大、中、小型体育设施的布局和比例，使之更合理。不同规模的体育设施具有功能互补和经济互补的特性，形成相互促进、共同发展的关系。因此，相关人员在进行城市规划时应充分考虑这一点，优化体育设施布局。推动社区休闲体育设施和学校体育设施资源共享，可以有效扩大社区体育设施的服务范围和影响力。而提高公园、广场、绿地等城市公共开放空间的开放度和利用率，可以缓解社区休闲体育设施资源短缺的问题。此外，还应该推动社区内部的体育设施资源共享，如各个小区或组团间的体育设施资源共享，能够提高设施利用率，降低单个社区的建设和运营成本。

　　（2）改变传统的投资与供给模式，整合农村休闲体育设施资源，以优化农村休闲体育设施体系。面对农村体育设施供给的巨大挑战，包括地域广大导致的资源分配问题和基层政府财力有限引发的投资短缺问题，改革投资模式显得尤为重要。虽然中央政府作为主导者，其投入对于农村休闲体育设施的建设和优化具有决定性的作用，但鉴于农村地域广大，其投入无法覆盖所有地区，在这样的情况下，地方政府也需要肩负起相应的责任，根据各自的经济能力和实际需要，建设合适的休闲体育设施。为此，可以构建一个以政府为主导、多元化的投资体系，在这个体系中，政府仍然是主要的投资者，但也能引入其他的资本，如企业和个人投资者。这样的投资模式不仅能有效缓解因财力有限引发的投资压力，还能保证农村休闲体育设施的建设和运营得到充足的支持。此外，也可以实行分类投资策略，即中央政府和地方政府负责建设不同规模和类型的体育设施。这样的策略不仅使资源分配更为公平，还提高了投资的合理性和效率。通过这种方式，既可以满足广大农民的体育需求，也推动整个农村体育事业的持续发展。总的来说，整合农村休闲体育设施资源，改变滞后的投资与供给模式，对于优化农村休闲体育设施体系具有重要的作用。

筹措农村休闲体育设施体系优化所需的资金无疑是一个核心问题，要解决这个问题，需要多种渠道和手段，并且需要根据具体情况选择最合适的方式。最传统的方式是在公共财政制度框架内进行，即政府负责提供资金，因为休闲体育设施作为公共产品，是政府为公众提供服务的重要环节。然而，由于地域广阔和财政资源有限等因素，单一的政府投入在现实中往往难以满足公众的需求。这时，可以让政府和私人合作提供休闲体育设施，在这种模式下，休闲体育设施通常被视为高级公共产品。政府可以通过明确定义产权，将部分收益权交给私人，这样既保证了公共产品的供应，又引入了市场机制，提高了资源供给的效率和活力。此外，私人或非营利组织也可以独立提供资金来优化农村休闲体育设施体系，这种方式可以进一步拓宽资金来源，特别是在政府资源有限的情况下，可以发挥重要的补充作用。例如，富裕的私人企业或有公益心的非营利组织可以通过投资或捐赠，帮助农村地区改进体育设施，这对推动农村体育事业的发展有着积极作用。

体育服务在农村公共服务中占据了至关重要的位置，它的重要性不仅在于提供了健身和娱乐的场所，更重要的是，以其独特的方式吸引和教育了农村社区的居民，营造出积极的社区生活氛围。农村公共服务中心作为一种综合性设施，提供了多种公共服务，扮演了多种角色。该服务中心设有农家书屋、电脑室、卫生室和多功能活动室，丰富了村民的文化生活，推动了知识的传播和普及。同时，设施齐全的篮球场和乒乓球馆等，满足了群众的健身需求，并成为社区内部交流和增强社区凝聚力的重要场所。在特定的节假日或闲暇时刻，村民可以根据个人兴趣参与服务中心的各种活动，从而更好地融入社区生活。这种服务模式整合了休闲体育设施和其他服务，形成了一种互补互助的关系，而没有减少对体育公共服务的投入。因此，这种模式不仅提高了服务效率，丰富了群众生活，而且通过其全面和人性化的设计，充分展示了农村公共服务的特色和魅力，优化了休闲体育设施体系。

（3）实现体育场馆的专业化运营是提升其休闲体育服务水平的关键，这需要建立并严格执行公共服务和运营标准，以优化服务流程并提高服务质量。为了达到这一目标，体育场馆需要引入专业的运营机构，通过公开、公平的招投标程序选取合适的运营伙伴。这种做法可以有效地将体育场馆的所有权和经营权进行分离，将运营权交给具备专业技术和管理能力的机构，这样可以提升体育场馆的运营效率和服务质量。将体育场馆的运营委托给专业机构，特别是新建的体育场馆，可以被看作一种优化休闲体育设施体系的方式，这样做有助于实现公共资产的有效利用，同时能使服务专业化，满足公众多元化的体育需求。此外，引入国际成功的体育场馆运营经验也是推动体育场馆专业化运营的有效策略，这样人们可以更深入地了解如何将体育场馆转变为各类体育社会组织的活动基地。通过这种方式，这些社会组织可以组织并开展各种体育活动，充分利用体育场馆的设施资源，为公众提供更专业的体育服务。这种模式不仅丰富了体育场馆的服务内容，提升了服务的专业水平，还对体育场馆的功能进行了多元化的扩展，使体育场馆不仅仅是提供体育服务的地方，更是促进社会交流、增强社区凝聚力的重要平台。

地方政府作为体育设施建设的主要驱动力，需要积极投入资金并将其纳入基础建设投资预算，以确保体育设施的顺利建设。然而，仅依赖财政资金并非长远之策，因此，地方政府需要创新融资方式，扩大资金来源，以满足体育设施的优化需求。公私合作模式是一种有效的策略，这种模式鼓励地方政府利用多种方式，如政府购买服务、建设—转让、建设—经营—转让等，支持体育设施的优化。这种模式既利用了政府的资源优势，又激发了私人资本的活力，为体育设施体系的优化提供了更稳定、更充足的资金支持。对于主要提供基础公共体育服务的中小型设施，地方政府需要优先保障资金，并积极向中央财政部门以及各级体育行政部门申请专项资助，这是对体育设施体系优化的重要保障。这样，不仅能有效保障体育设施体系优化的资金需求，还能利用到更多的资源，推动体育设施体系的持续优化。

3. 科学规则，优化布局，明确休闲体育设施的空间布局规模

为优化休闲体育设施体系并保证其在规划和应用中的统一性和协调性，需要实施全国范围内的休闲体育设施规划和整体配置。这是实现休闲体育设施体系优化的重要前提，需要从宏观视角制定休闲体育设施的发展规划。在具体规划过程中，必须保证国家整体规划、省市规划以及区县规划的一致性和协调性。休闲体育设施的专项规划应纳入地方区域经济社会发展总体规划之中，以确保休闲体育设施体系优化的目标与地方发展目标的一致性和协调性。在控制性详细规划阶段，需要考虑土地使用、产权归属、交通情况、周围资源等多方面因素。在这个阶段，应着重考虑休闲体育设施的整体布局和规模，由体育部门和规划部门共同制定休闲体育设施的专项规划。这个规划应明确各级各类体育设施的规模、布局和建设顺序，以保证休闲体育设施的合理分布和可持续发展，从而优化休闲体育设施体系的功能。

（1）优化布局，重视落实，提高城市社区体育设施的空间布局效果。为了提高城市社区体育设施的布局效果，实现体育设施体系的优化，需要严格遵循城市规划的基本原则，将规划过程分为总体规划、分区规划和详细规划三个阶段，逐步细化和完善。总体规划阶段以城市总体规划为依据，进行整体性的顶层设计，明确城市发展方向和空间布局，确定休闲体育设施的总体需求和方向，为后续的分区规划和详细规划提供指导和依据。控制性详细规划阶段是整个规划过程中至关重要的环节，需要考虑土地使用、产权归属、交通状况、周围资源等多种因素。在这一阶段，应针对近期的建设需求，设计合理的建设方案，布局各种规模的休闲体育设施，并明确社区体育设施的具体建设要求。同时，还需要综合考虑城市社区体育设施的布局与规模，确保其能够适应社区需求，并实现休闲体育设施体系的优化。在这一规划过程中，体育行政部门需要与规划部门紧密合作，共同制定城市社区体育设施的专项规划，预先确

定近期的重点工作，明确各类体育设施的规模、布局和建设顺序。这样，通过协同合作，可以充分规划、整合和活化现有资源，推动城市休闲体育资源的共享和合理利用。

建设企业在社区体育设施建设过程中也要与规划部门、体育行政部门等相关部门密切配合，共同解决出现的问题。体育行政部门在此过程中需要制定相关指标，量化关键元素，形成完善的验收和评估管理体系，以确保社区体育设施建设的质量和效果。通过完善的监管机制，可以有效地监督建设项目，保证建设按照规划进行，并随时调整和完善规划，以满足社区居民的体育健身需求，进一步优化休闲体育设施体系。

为了优化休闲体育设施体系并提高其效用，必须采取策略，实现资源共享和跨机构合作。有效的方法之一是整合学校和企业等机构的体育设施资源，通过合作共享，使资源得到最大化的利用。这需要跨越体制障碍，建立能有效利用现有资源的管理和运营体系，从而逐步缓解社区休闲体育设施的短缺问题。在休闲体育设施的空间布局方面，可以根据规模大小将设施划分为不同级别，如社会体育中心、社区体育中心和社区健身设施等。空间布局的关键是选址，需要考虑周边的人口密度、环境条件、交通便利性等因素，确保设施布局合理，使居民能更便利地使用体育设施。各级别的休闲体育设施具有各自的布局和功能特征，社会体育中心规模大，综合性强，主要满足社区内大型体育活动的需求。社区体育中心规模适中，功能更聚焦，主要满足居民日常体育锻炼需求，并可作为举办社区活动的场所。而社区健身设施是更小规模的设施，分布在各个小区，主要为大众提供便利的体育服务。通过这样的布局和功能划分，可以更好地满足不同层级的体育需求，并提供多样化的体育活动场所。这样的空间布局能让休闲体育设施更好地为社区居民服务，有助于提升社区居民的健康水平，从而实现休闲体育设施体系的优化。

（2）转变规划弱势，增强农村休闲体育设施服务的整体规划。为了增强农村休闲体育设施服务的整体规划，人们必须从全局视角出发，确立农村休闲体育设施优化的发展蓝图。该规划应综合考虑农村地区的人口分布、经济发展情况、文化特性等因素，以确保农村休闲体育设施的布局合理，并满足农民群众的体育需求。

在制定农村休闲体育设施的规划时，需要进行一系列工作，以保证其有效实施。一方面，需要完善国家、省市和区县的规划编制，将休闲体育设施体系的优化纳入区域经济社会发展的总体规划。这样的规划需要充分考虑农村地区的特性和需求，为农村休闲体育设施的建设提供明确的方向。另一方面，针对农村休闲体育设施的建设，建议以土地划拨的方式来提供必要的土地资源，这将有助于降低农村休闲体育设施的建设成本。在农村休闲体育设施的建设过程中，可以将建设责任分解，并实行委托代建制度。这意味着农村休闲体育设施的建设和后续管理将交由有经验和能力的村级组织或专业体育社团来负责。这样的管理模式能提高建设效率和质量，并确保体育设施得到有效运营和长期维护。此外，应结合我国区域公共体育服务的实际发展，适时调整农村休闲体育设施的各项指标。这需要考虑农村地区的人口结构、经济状况、体育文化特性等因素。通过合理的指标调整，可以更好地满足农村居民的体育需求，并推动农村休闲体育设施体系的优化发展。

（3）优化大型休闲体育场馆设计，推行"建改修"举措。为了增强大型休闲体育场馆的公共服务功能，需要优化其设计和功能规划，并推动体育场馆的联合建设。在体育场馆规划和设计阶段，应从赛后提供公共体育服务的视角，充分考虑体育场馆的公共服务需求，这也是休闲体育设施体系优化的重要方面。这需要进行体育场馆设计的创新，融入多种功能，使其不仅是一个体育中心，还是一个集文化、体育、社区服务等多种公共服务功能于一体的城市生活中心。这就需要对体育场馆进行复合化、多元化的设计，如可以通过竖向叠加设计，实现多层复合化体育场馆的建设。通过提高容积率和建筑强度，可以实现在有限土地空间内，更多功能的集约利用。这样的设计方式不仅能满足大型休闲体育场馆的需求，还能提供更多公共服务设施，以提升公众的生活质量。在土地资源紧张的背景下，确保体育场馆建设用地的利用效率是一项重要任务。为此，地方政府应根据国家的要求，优先保障体育场馆建设用地的需求，同时提高体育场馆建设用地的集约利用水平。这就意味着需要推动各部门合作共建、共享体育场馆，以实现资源共享，优化休闲体育设施体系。通过合作共建，可以避免重复建设，节省土地资源，并提高体育场馆的使用率，避免体育场馆闲置的问题。

为了优化休闲体育设施体系并改善公共体育服务的供给，需要加快中小型公共体育场馆的建设速度。考虑到大型体育场馆在后期使用过程中可能出现的利用困难和闲置问题，各地区应控制大型体育场馆的建设，并尽可能利用现有的体育场馆资源来满足承办大型体育赛事的需求。在承办大型体育赛事的时候，可以通过添加临时看台、活动座席等临时设施，甚至搭建临时场馆来充分利用现有的体育场馆，以满足大型赛事的需要。这种临时设施可以提供额外的观众席位和活动空间，从而有效减少对新建大型体育场馆的需求，降低建设成本，并使现有的体育场馆资源得到更好的利用。在新建体育场馆时，应控制新建大型体育场馆的数量，并将有限的资金主要投入中小型体育场馆的建设上。这些中小型体育场馆的设计应着眼于满足公众的健身需求，并尽可能具备多种功能。这样的体育场馆不仅可以满足公众的日常健身需求，提供多样化的体育活动场所，还可以推动体育文化的普及和群众体育的发展。中小型体育场馆的建设具有以下优点：相对于大型体育场馆，中小型体育场馆的建设成本更低，更加经济；中小型体育场馆更适合日常体育健身活动的开展，更贴近居民生活，更易于满足群众的实际需求；中小型体育场馆规模较小，更容易在农村和城市社区找到合适的建设地点。

为了优化休闲体育设施体系并提升现有体育场馆的公共服务能力，需要关注对现有体育场馆的改建，增设公共服务设施，以满足公众的健身需求。尽管现有体育场馆的功能可能相对单一且利用率不高，但它们通常位于城市中心，靠近居民生活区，为公众提供了便利的使用条件。因此，在未来的体育设施优化过程中，应重点开发和利用现有体育场馆，通过资金投入进行改建，增加公共体育设施，扩建室内空间，以提升现有体育场馆的公共服务能力。这样的改建可以让现有体育场馆更好地满足公众的需求，提供更多样化的体育活动和服务。在此，特别需要注重的是对广大中小学体育场馆的改建。考虑到中小学体育场馆数量众多且交通便利，可以利用这些优势将部分学校的体育场馆改建为社区体育活动中心。这样的改建既能满足中小学体育教学的需求，又能满足社区居民的健身需求。这种优化休闲体育设施体系的方式可以充分利用现有资源，提供更多的公共体育设施，促进学校和社区的互动与合作。在改建现有体育场馆的过程中，还应注意提高体育场馆的可持续性和环保性。建设企业可以采用绿色建筑技术，提高资源利用率，减少对环境的影响。同时，注重体育场馆的多功能设计，使其能够适应不同类型的体育活动和社区需求，提供更多元化的公共服务。

随着时间的推移，一些已经建设多年的大型和中型体育场馆可能失去了承办大型活动的功能，因为新建的体育场馆已经取而代之。为了优化休闲体育设施体系，这些体育场馆应逐步转型为以全民健身为主的设施，已经有一些城市采取了这样的转型改造措施。例如，南京市在拆除了原南京体育馆的旧址上修建了一个21层高的全民健身中心。上海市的闵行区将原江川体育场改造为江川体育活动中心，增设了室内健身馆、游泳池等设施。通过这种改造，这些体育场馆的服务功能得到了完善，并成功吸引了大量居民参与各种健身活动。在这个转型过程中，需要注重体育场馆服务功能的提升，以增强其作为公共服务设施的能力，这可能涉及增设健身设施、改善设备设施以及优化空间布局等。更重要的是，这些体育场馆应该被转型为一个能满足全民健身需求的多功能体育活动中心，提供多样化的体育健身服务。此外，这个转型过程还应关注体育场馆的可持续性和环保性，采用节能环保的建筑材料和技术，合理利用资源，以减少能耗和环境污染。同时，也要强调体育场馆与周边社区的融合，促进体育场馆与社区的互动合作，以提升体育场馆在社区中的地位。通过对一些旧的大型和中型体育场馆进行这样的转型改造，不仅能让这些体育场馆重新焕发生机，为公众提供更优质的体育健身服务，还能实现对现有体育场馆资源的合理利用，减少浪费，并推动公共体育事业的发展。

4. 完善有关法律法规与配套政策，扩大休闲体育设施服务功能的外延

（1）完善法律法规，制定相应政策，为优化城市社区休闲体育设施体系创造良好的制度环境。为改进当前社区休闲体育设施的规划和管理，需要在法律框架方面进行优化，以营造健康、可持续发展的社区体育设施的法律环境。制定和完善评价指标体系至关重要，这样的体系应包括休闲体育设施的建设指标体系和验收指标体系。建设指标体系应能准确衡量社区休闲体育设施的基本建设要求，包括规划设计标准、相关配套设施标准以及设备标准等。鉴于我国地域差异较大，一个统一的评价指标体系可能无法满足所有城市和社区的需求，因此需要根据不同地区的实际情况进行分类和细化。人们应坚持就近原则，进行区域统筹，规划各社区间的休闲体育设施，并根据需要进行动态调整。同时，建立一个合理且详细的社区休闲体育设施的验收指标体系也是必要的。目前，我国城市社区休闲体育设施的验收指标体系并未完善，缺乏实际操作性，这导致评估社区休闲体育设施建设的质量和数量时有在困难。对此，人们应加强对社区休闲体育设施的验收工作，确保其建设符合标准和要求。另外，及时修订过时的法律法规也十分关键，社区休闲体育设施的法律框架必须与国家的法治建设保持一致。目前，我国社区体育法治建设面临的问题包括立法数量少、效率低、体制不完善和法治意识薄弱等。为了解决这些问题，各级行政部门应根据当地的社会经济发展实际，及时制定或修订与社区休闲体育设施相关的法律法规，以确保法律法规的统一性和实效性。同时，还需要理顺不同层级法律法规之间的关系，避免重复和冲突，为社区休闲体育设施的规划、建设和管理提供明确的法律依据。

（2）根据地域特性制定政策，确保农村休闲体育设施体系优化的顺利进行。为了有效地进行农村休闲体育设施体系的规划和政策制定，进行深入细致的调查研究是必要的。这种调查研究不仅是一种优良传统，还是政策制定的前提和依据。在广大农村地区，由于民众的生活水平和生活习惯存在显著差异，导致他们对体育锻炼的认识和需求各不相同。近年来，随着农村城镇化进程的加深，农村的常住居民结构正在发生变化，这直接影响到农村社区休闲体育设施的供应。因此，深入广大农村地区进行自下而上的调查研究显得尤为重要，这样的调查研究有助于全面理解农村居民在休闲体育设施方面的需求特性和变化趋势，明确农村地区在休闲体育设施供给中的关键问题和挑战，为制定农村休闲体育设施相关政策提供基础。

在农村休闲体育设施体系的运营和管理方面，要拥有足够的、结构合理的、素质高的人才资源。其中，农村体育健身指导员以及农村休闲体育设施的管理人员是至关重要的。这些人员需要经过专业、集中、科学的培训，以提升他们的专业素质和管理能力。同时，也需要吸引一批具有经济和管理能力的人才来参与和组织农村体育健身活动。可以说，人才队伍建设是当前农村休闲体育事业发展的重要课题。

二、休闲体育服务组织体系优化成效

（一）休闲体育服务组织体系优化的意义

1. 契合国家群众体育整体的发展需要

群众体育作为中国体育事业的基石和重要组成部分，对全民身体素质的提升起着决定性作用。党和政府一直将群众体育的发展置于高度优先地位，并采取一系列政策和措施推动其进步。为了实现这一目标，已经建立了专门负责群众体育的管理机构，并发布了一系列政策文件，如《全民健身条例》和《全民健身计划纲要》等，以推动全民健身工作的深入开展。近年来，在体育强国战略的指导下，我国提出了打造全面的休闲体育服务体系的群众体育发展策略。优化休闲体育服务体系的关键在于关注群众所需的场地、组织和活动这三个环节，其中，体育组织的建设作为休闲体育服务体系优化的一个重点领域，起着至关重要的作用。因为体育组织在动员群众参与体育活动以及提供体育活动组织平台等方面发挥着关键作用。当前，推进休闲体育服务体系优化的重点是确保休闲体育服务的公平性，为此，国家体育总局提出了"保基本、强基层、建机制"三个方面的措施。"保基本"意味着确保基本的休闲体育服务设施和资源的普及，让更多的人有机会参与体育活动。"强基层"则重视基层体育组织和俱乐部的发展，加强社区和学校体育的基础建设，满足人们日常的体育需求。"建机制"则强调建立和完善体育组织和管理机制，促进休闲体育服务体系的协同运行。体育组织体系的建设应与当前群众体育发展的总体需求相适应，通过建设完善的体育组织体系，可以健全休闲体育服务体系，从而提升群众体育的发展水平。具体来说，体育组织体系优化应体现"保基本、强基层、建机制"的总体工作思路，通过推动体育组织的发展，从而促进休闲体育服务体系优化。

2. 体现休闲体育服务体系优化诉求

优化休闲体育服务体系是一项宏大的系统工程，包含了场地设施、组织机构、服务供应、政策法规和监管等诸多因素。其中，组织体系作为休闲体育服务体系的重要组成部分，具有特别重要的作用，它与其他子系统相互关联，共同保证了整体框架和功能的稳健运行。在优化休闲体育服务体系的过程中，组织机构的建设无疑是一个重点领域和关键环节。休闲体育服务体系的核心是群众体育，因此，加强基层休闲体育设施体系的优化显得尤为关键。全面执行全民健身计划，健全基层全民健身组织服务体系，支持社区体育俱乐部、青少年体育俱乐部、体育健身站等建设，壮大社会体育指导员队伍，积极开展全民健身志愿服务活动，构建国家、省、市三级体质测定与运动健身指导站，普及科学健身知识，指导广大群众科学健身。

《全民健身计划（2016—2020年）》提出了"全民健身组织网络更加健全"的目标，强调了对各类体育组织的培养和发展，特别是对基层体育组织的重视，其他相关法规文件也突出了体育组织建设在优化休闲体育服务体系中的重要地位。优化休闲体育服务体系的组织部分，应体现整体构建的需求，以组织建设为连接点，推动休闲体育服务体系的整体优化。这需要重视培养和发展基层体育组织，提升其服务能力和水平，加强不同组织之间的协作与合作，形成一个覆盖全民的完善的休闲体育服务网络。同时，还应该关注体育指导员的培训和队伍建设，提供专业的指导和支持，让他们在基层体育组织中发挥积极的作用。在此基础上，积极推动全民健身志愿服务活动的展开，鼓励更多的人参与休闲体育活动，共同推动群众体育的发展。

3. 突出休闲体育组织方面现实问题

我国群众体育已经取得了显著的进步，建立了全方位覆盖的休闲体育组织架构，包含人群组织、项目组织和单位组织等多种类型。但是，当前休闲体育设施体系优化仍面临一些挑战，如休闲体育组织的数量和规模相对较小，无法满足广大群众的基本需求。虽然已经建立了一定规模的休闲体育组织，但其仍然无法满足所有人的需求，特别是在偏远地区和基层社区，休闲体育组织的缺乏仍是一个突出的问题。另外，休闲体育组织的结构也存在一些不合理之处，各类组织的结构不合理，互补功能发挥不充分。不同类型的休闲体育组织应该形成互补关系，形成一个协调有序的休闲体育组织网络，但当前在组织结构上还存在一定的问题，需要进一步调整和优化。休闲体育组织的功能还存在一些局限，还未能完全满足群众的多元化需求。在满足群众多元化体育需求方面，休闲体育组织的活动和服务仍有待进一步拓宽，以更好地满足不同群体的健身、娱乐和交流需求。目前，应将这些挑战视为优化休闲体育设施体系的机遇，进一步推动休闲体育服务组织的全面发展。

4. 满足群众基本组织需求

在优化休闲体育服务体系的组织架构时，既需要满足群众的基本组织需求，也需要充分考虑不同地区和社会阶层间的需求差异。这意味着需要构建多样化和灵活的组织方案，以适应不同人群的休闲体育需求。对于不同地区，需要根据其特征和需求，建立符合实际情况的休闲体育组织。例如，在农村地区，可以建立和发展农民休闲体育组织，通过成立农民体育俱乐部、农民运动队等，为他们提供便利的体育参与平台。在城市社区，应该优先发展社区休闲体育俱乐部，为居民提供丰富多样的体育活动和健身服务。同时，也需要关注不同社会阶层的组织需求差异，构建多层次的休闲体育组织。人们可以根据年龄、职业、兴趣爱好等因素，建立专门的休闲体育组织，如青少年体育俱乐部、职工体育协会、业余体育俱乐部等，以满足不同群体的特殊需求。为了有效推进休闲体育服务体系的优化，需要充分发挥社会力量的作用，鼓励社会团体、企事业单位和志愿者参与休闲体育组织的运营。通过与社会各方的合作，可以共同推进休闲体育组织的发展，丰富休闲体育活动的内容，提升服务质量。

（二）休闲体育服务组织体系优化的根本目标

根据我国公共服务体系优化的总体目标，从休闲体育服务组织体系发展的实际情况出发，提出现阶段休闲体育服务组织体系优化的根本目标。

1. 保基本

在休闲体育服务体系的组织优化中，应重视城市与农村社区之间的网络化发展和布局，确保各种组织可以互相补充并发挥作用，以吸引不同民族、年龄和兴趣爱好的群众广泛参与休闲体育活动。这种发展模式不仅可以促进资源共享、经验交流和合作互助，还能使休闲体育设施在不同地区和群体中发挥更大的作用。然而，强调休闲体育设施服务的基本面向，并不意味着它的供给标准和水平永远保持不变。随着经济社会的发展，休闲体育设施服务的供给能力和水平也将提高，服务标准也将随之提升。随着我国经济社会发展水平的提升，休闲体育设施体系优化的内涵得以丰富，服务的领域和群体将不断扩大。借助互联网和数字技术，可以建立在线平台和社交媒体，实现虚拟组织的形成和运营，为更多人提供便利的体育健身服务。同时，也可以通过网络化的方式促进休闲体育设施之间的交流与合作，共同推动公共体育服务的发展。在未来的发展中，应不断关注休闲体育设施的需求变化和发展趋势，灵活调整组织优化的策略和措施，以适应社会的发展需求。通过不断提升休闲体育设施组织的水平和能力，为广大群众提供更多样化、便捷化和高质量的体育服务，进而促进全民健康和幸福生活的实现。

2. 广覆盖

当前，我国的群众体育发展呈现出一种区域不平衡的现象。东部沿海地区的城市社区，依赖各类体育组织、健身集群以及非正式健身群体，形成了网络化的发展格局，覆盖面广、辐射能力强。而在中西部地区，特别是农村地区，由于经济相对滞后和受传统习俗的影响，群众的体育参与意识较为淡薄，休闲体育设施的优化面临着较大的挑战。在完善休闲体育设施体系时，必须充分考虑区域平衡的问题，确保公共体育服务真正覆盖到不同区域的群众。这意味着需要打造一个组织网络，这个网络可以同时覆盖城市和农村地区，使得所有地区的群众都能从公共体育服务的发展中受益。针对中西部地区，尤其是农村地区的休闲体育设施优化，应采取有针对性的措施。例如，加强体育宣传，深化群众对体育的认识，通过开展体育文化活动、推广健身知识等方式，培养农村地区群众的体育意识；加强基础设施优化，激发群众的参与热情。此外，还可以通过培养和发展本地的体育组织，激发群众参与的动力；采用组织各类体育活动、培训体育教练员、设立社区体育俱乐部等方式，推动农村地区休闲体育设施的优化。在整个休闲体育设施体系的优化中，要坚持以群众的需求为导向，注重区域差异，因地制宜地开展工作。

3. 可持续

优化休闲体育服务体系必须坚持可持续发展的理念，这种可持续性能体现出休闲体育服务体系的稳定性、延续性和适应性，拥有长期满足全民体育参与和健身需求的能力。在这个体系中，休闲体育设施体系的优化起着重要的作用。休闲体育设施体系需要培养和提升自身的可持续发展能力，以适应不断变化的体育需求和环境。具体而言，应强化休闲体育设施体系的完善工作，提高其运行效率和灵活性，同时要培养专业化和创新型的管理团队。此外，休闲体育设施体系还应与其他相关机构和社会力量进行合作，共同推动休闲体育服务体系的可持续发展。为了实现上述目标，需要进行制度创新和机制建设，包括建立科学的管理机制，完善管理体系，提高决策的科学性和透明度，提高休闲体育设施体系的运行效能。同时，还需要加强信息化应用，建立健全数据管理系统，实现信息的共享和交流，从而提升休闲体育设施体系的决策和服务水平。随着社会经济的发展和人民生活水平的提高，人们对公共体育服务的需求也在不断演变。休闲体育设施体系应密切关注这些变化，积极调整服务内容、方式和方法，以确保休闲体育服务体系能够适应新的需求和趋势，持续为全国各族人民提供满意的体育服务。

4. 有层次

在优化休闲体育服务体系的过程中，需要充分考虑到其层次性。这意味着需要整合纵向与横向的发展，全国性的统筹与地区性的发展，以及大型组织的建设与基层组织的建设。在这样的体系中，政府起主导作用，全社会共同参与，从上到下形成了结构完整、机制健全、功能完备的休闲体育服务体系。在财政资源有限的情况下，休闲体育服务体系的优化需要采取有重点和有步骤的策略，将资源优先投放到效率和效益较高的领域。针对休闲体育设施体系的优化，应优先考虑基层设施建设。因为基层的设施具有亲民、便民、利民的特点，能够长期有效地为公众提供服务。在优化基层休闲体育设施体系的过程中，应特别关注社会弱势群体的体育需求，确保他们能够充分参与到体育活动中，享受到体育服务。这样的优化策略不仅能提升设施的使用效率，还能让更多人享受到公共体育服务，为推进全民健康事业发展做出更大的贡献。

（三）休闲体育服务组织体系优化的实践

1. 转变理念，抓住力点

在优化休闲体育服务体系的过程中，需要转变理念，注重两个关键的力点，即动态和静态的组织优化，也就是如何组织和提供公共体育服务。动态的组织建设涉及如何通过各种体育活动来驱动休闲体育设施体系的优化，而静态的组织建设关注如何构建实体性的体育设施，以更好地服务公众。

动态的组织优化主要是通过推动各类体育活动，来优化休闲体育设施体系。持续、长期、制度化的体育活动可以有效整合体育参与者，进而提升体育设施的使用效率和效果。举办各种体育活动，能吸引并凝聚大量的体育爱好者，为他们提供一个共享体育设施的平台和交流的机会。这种活动不仅推动了群众体育的发展，还优化了休闲体育设施体系。静态的组织优化主要关注构建实体性的休闲体育设施，满足不同群体的体育需求，提供多元化的体育活动选择。这些设施在提供体育服务、组织赛事和培养人才等方面发挥着重要作用。通过优化这些设施，可以形成一个更完善、专业的休闲体育设施体系。同时，这些设施可以通过互相合作，形成一个网络化的体系，共享资源，互补优势，进一步提升公共体育服务的质量和水平。

在休闲体育服务体系优化中，动态的体育活动与静态的休闲体育设施是相互依存、相互促进的。动态的体育活动为优化休闲体育设施体系提供了动力和基础，而静态的休闲体育设施为体育活动提供了良好的平台和支持，这种有机的结合方式有助于休闲体育服务体系的稳定和可持续发展。通过理解这个双重视角，可以更清楚地把握休闲体育服务体系优化的重点。

将工作重心下沉到基层社区，是推进群众体育发展和优化休闲体育服务体系的重要策略。基层社区中的小型、多元、具有结构和功能优势的健身组织在休闲体育服务体系优化和群众体育发展中扮演着重要角色。这些健身组织因为贴近群众，能更好地满足群众的体育需求。这些小型、低成本的健身组织具有极强的生命力，能根据不同群体的需求，提供多样化的体育项目和服务，让更多的人参与到体育活动中来。这些基层健身组织不仅成为基层社区内的重要纽带和活动平台，促进了社区居民的交流与互动，还在优化休闲体育设施体系中发挥了重要作用。优化这些健身组织需要从战略层面高度重视并支持基层健身组织的发展，如提供政策支持、加强组织培训、优化资源配置等，以激发基层社区内的体育组织活力，提升其服务质量和水平。同时，也需要加强与其他层级组织的协作与衔接，形成多层级、全方位的休闲体育服务网络，以更好地优化休闲体育设施体系。

2. 分门别类，注重互补

随着社会经济的快速发展和社会结构的转型，面临着社会阶层的分化和不同社会群体的差异化需求，这些差异化需求在体育参与中表现出不同的需求、态度和活动方式。为了满足这些体育需求，休闲体育服务体系的优化应充分考虑和利用各类基层健身组织的互补功能。这需要对不同类型的组织进行分类和区分，并制定相应的治理策略。例如，可以分为正式组织与非正式组织、人群组织与专项组织等。对于正式的体育组织，可以通过改革登记制度，赋予它们合法的身份，协助它们完善组织架构和制度框架，并建立健全人才流动和替代机制。对于非正式的体育组织，可以通过提供场地、器材、技术指导等支持，来促进它们的良性发展。对于人群组织与专项组织，可以根据其特性提供特定的支持和援助，如场地、器材、技术等方面的支持。通过这种分类和定向治理，可以有效地促进各种类型的体育组织的发展，并发挥它们的功能，以满足不同社会阶层和群体的体育需求。

优化休闲体育设施体系也在其中起着关键作用，正式组织的规范化和非正式组织的激励措施，可以提高体育设施的使用效率和服务质量，推动其持续发展。对于特定的人群，提供有针对性的支持和帮助，能够满足他们特定的体育需求，并激发他们参与体育活动的积极性。此外，优化休闲体育服务体系还需要加强与基层社区的合作，作为人们生活的核心单元，基层社区承载着居民的日常生活和社交活动。加强与基层社区的合作，可以更好地将公共体育服务引入社区，满足居民的体育需求，促进社区的整体发展。

3. 盘活存量，提高增量

为了进一步促进休闲体育服务体系的组织优化，应遵循"盘活存量，提高增量"的策略，大幅度扩大体育社团组织的数量和规模。"盘活存量"意味着需要充分利用和发挥目前在基层社区已经存在的各类组织的潜力，使它们更好地发挥服务功能。对于已经具备较好发展基础的组织，可以通过提供资金支持、培训指导、资源共享等措施，激励它们进一步发展壮大，提升其影响力和管理水平，使其更好地满足社区居民的体育需求。对于那些陷入困境的组织，可以提供培训、引入专业顾问、开展宣传推广等方式，帮助它们找出问题、改善运营，并重建组织发展的动力。同时，休闲体育设施体系的优化在这个过程中也起着关键作用。例如，可以通过改造和升级现有的休闲体育设施，提高设施的使用效率和服务质量，以进一步激活已有的体育组织。此外，应该充分利用综合性社会组织的力量，尤其是老年协会、妇女协会、青少年协会等。虽然体育不是这些组织的主要业务，但可以通过有效的方法，将体育元素融入这些组织的工作中。例如，在老年协会中设立健身小组，定期开展体育活动，满足老年人的体育需求；在妇女协会中开展健身培训课程，提供女性专属的体育活动；在青少年协会中组织体育比赛和训练，引导青少年积极参与体育运动。通过将体育组织的功能融入综合性社会组织，人们可以充分发挥这些组织的潜力，为公众提供更全面、多样化的公共体育服务。

4. 多管齐下，重视实效

在优化休闲体育设施体系时，不仅可以通过直接的方式组建体育社团组织，还可以通过多方联动的方式，深入优化体育社团组织的发展环境，进而有效促进基层体育社团组织的发展。

其一，优化休闲体育设施体系需要与体育文化建设紧密联系。体育文化是塑造人们体育观念和行为的重要因素。弘扬体育文化可以有效地转变和提升人们的体育意识，为人们参与体育锻炼提供有效的动力和激励。在休闲体育设施体系的优化过程中，应注重体育文化建设的基础作用，将休闲体育设施体系的优化与体育文化建设有机地结合起来。

其二，优化休闲体育设施体系需要与政府职能转变相结合。传统上，公共体育设施建设主要由政府负责，但政府单方面的资源无法满足人们对于体育的全面需求。因此，需要进行政府职能转变，政府应从直接提供体育服务转为引导、支持和协调休闲体育设施体系的优化。政府可以通过政策引导和购买体育服务的方式，为体育社团组织提供资源、场地、资金等支持，激发社会力量参与休闲体育设施体系的优化。

其三，优化休闲体育设施体系需要与基层社区建设相联系。在社区层面，通过各种形式的社区活动，增强社区的凝聚力，有助于建立社区内部的信任关系和合作氛围，为休闲体育设施体系的优化提供良好的社会基础。

其四，优化休闲体育设施体系与体育场地的建设是相互关联的。在规划和建设体育场地时，应充分考虑到体育社团组织的需求，为其提供适宜的训练、比赛和活动场地，进一步促进体育社团组织的发展。此外，休闲体育设施体系的优化与体育场地的管理和维护也是相辅相成的，通过协同发展，可以为体育场地的管理和维护提供更多的支持和资源，实现双赢的局面。

第二节 休闲体育服务体系优化面临的主要问题与挑战

一、休闲体育服务财政保障体系面临的主要问题与挑战

（一）休闲体育服务财政投入面临的主要问题与挑战

我国休闲体育服务财政投入的绝对规模的扩大是一个积极的趋势，但相对规模的未同步增长以及休闲体育服务财政投入占国内生产总值比重的低下，仍然具有一定的挑战，这制约了群众体育的全面发展。相对规模未同步增长的问题导致休闲体育服务财政投入的供需矛盾，尽管财政投入在绝对数量上有所增加，但是随着经济的发展和人民生活水平的提高，群众对体育服务的需求也不断增长。因此，相对规模的未同步增长使得财政投入需满足群众的多样化体育需求，缩短服务供给与需求之间的差距。休闲体育服务经费投入的不足，相对较低的财政投入比重意味着休闲体育服务的经费来源有限，使得休闲体育服务机构和组织面临资金短缺的局面。这给体育设施的建设和维护、体育活动的开展以及体育人才的培养等方面带来了困难，限制了休闲体育服务的质量和覆盖范围。提高财政投入的比重，增加休闲体育服务的预算，可改善体育设施和场地条件，提升体育活动的品质和数量。政府部门应当加大财政投入，提高休闲体育服务在财政中的占比，确保有足够的经费支持体育设施建设、人才培养和体育活动开展。同时，鼓励社会各界参与体育事业，通过社会资本的引入和合作，拓宽财政投入的渠道，提高体育经济的可持续性和多样性。此外，还应加强财政资金的管理和监督，确保经费的有

效使用和公正分配，避免浪费和不当使用。

我国休闲体育服务财政投入总体呈现增长态势，但增长率的波动性较大。如果未能形成稳定的增长机制，将会给促进休闲体育服务的可持续发展和满足群众体育需求带来一定的挑战。要解决这一挑战，应从多个角度出发，政府应加大对休闲体育服务的财政投入，确保财政占比的提高。政府应认识到休闲体育服务对于促进人民身心健康和社会稳定的重要作用，将其纳入优先发展领域，并提供一定的财政支持。此外，政府可通过财政转移支付、税收政策等手段，促进财政投入的均衡和可持续增长。政府应增强对休闲体育服务的认识，加大政策引导和支持力度，确保财政投入的稳定性和合理性。

当前，我国休闲体育服务体系的财政资金来源主要依靠政府财政的专项体育资金投入，近年来我国休闲体育服务财政资金的投入渠道正在扩大。政府财政的专项体育资金投入是支持休闲体育服务的主要来源，这种投入方式可以保障一定的资金量，用于体育设施建设、体育活动组织和运营管理等方面，对于推动休闲体育服务的发展起到了积极的作用。政府财政的专项体育资金投入能够提供稳定的经费来源，有助于保障休闲体育服务的基本运行和提升质量。在这一背景下，应该积极推进休闲体育服务财政资金来源的多元化，除了政府财政的专项体育资金投入外，可以探索引入社会资本和多元化的资金投入方式，吸引民间资金和社会组织的参与。这样可以通过多方合作，增加财政投入的规模和来源，提高休闲体育服务的资金保障能力。另外，还应加强休闲体育服务的市场化运作，通过市场化收费、赞助和商业合作等方式，增加营业收入和资金流动。例如，充分利用体育场馆、培训机构等资源，开展商业化运营，提高自给自足能力，减轻财政负担。

与竞技体育相比，群众体育领域缺乏足够的关注和支持，导致群众体育的发展进程缓慢。群众体育是人民群众广泛参与的体育活动，具有普惠性和大众性的特点，不仅能够提供身体锻炼和娱乐休闲的机会，还能促进社会交流、增强社会凝聚力。而公共体育服务产品供给是休闲体育服务体系未来发展面临的一大关键挑战，公共体育服务产品供给不足是指群众性体育活动所需的场地、器材等公共资源的不足，以及相关服务的缺乏。在很多地区和社区，公共体育设施建设滞后，体育场地紧缺，设施设备老化，无法满足人民群众的体育需求。同时，体育组织和服务机构的不足也制约了群众性体育活动的开展和规范发展。有关部门对于这种情况需要引起足够的重视，应当加大对群众体育的财政投入，提高群众体育在财政预算中的份额，确保有足够的经费用于公共体育设施建设、体育组织与服务机构的发展和运行等方面。有关部门应加强对公共体育服务产品供给的规划和管理。通过科学的规划和布局，合理配置公共体育设施，扩大覆盖范围。同时，加强公共体育组织与服务机构的建设，培养专业化、规范化的体育服务人员，提供多样化的体育活动和服务。此外，还需要鼓励社会各界参与和支持，促进社会资本的投入。通过建立多元化的投入机制，吸引民间资本和社会组织参与群众体育事业，提供更多的资源和支持，促进群众体育的发展。

我国幅员辽阔，地域间的经济、文化存在明显差异，导致体育资源的配置和体育资金的投入也呈现出不均衡的现象。尤其是在当前阶段，各地区之间存在明显的体育经费差距和人均体育经费不足的问题，如中西部地区相对于东部地区来说，其体育事业的经费投入明显偏低，难以满足当地群众性体育事业的发展需求。这种区域间的差异有在源于多方面的因素。一方面，经济发展水平的不平衡，进而影响到各地对体育事业的投入能力。相对发达的东部地区由于经济基础较为雄厚，财政收入相对较高，可以投入更多的资金到体育事业中。而中西部地区由于经济相对滞后，财政收入较少，体育事业的经费相应较低。另一方面，文化差异也影响着体育资金的投入。东部地区的文化氛围较为浓厚，人们的体育参与意识较高，对体育事业的支持和投入较多。而中西部地区的体育参与意识较弱，体育事业的发展受到限制。

解决区域间体育经费分配不均衡的问题，需要采取一系列措施。有关部门应加大对中西部地区体育事业的财政投入，通过调整财政分配机制，提高中西部地区的体育经费占比，确保其经费足够支持当地群众性体育事业的发展。有关部门应加强对中西部地区的体育基础设施建设和人才培养，提高其体育事业的发展水平，加强区域间的合作与交流，促进资源的共享和优势互补，推动体育事业的协调发展。有关部门还应进一步强化对中西部地区的体育宣传和推广工作，提高群众对体育的参与意识，增强体育事业在当地的社会影响力，进而激发当地群众的体育热情。

城乡二元制结构是我国特殊的国情，导致城乡之间在政治、经济、文化、体育等方面的发展不平衡。在这种制度的作用下，城乡之间的差距逐渐加大。尤其在体育领域，农村地区的体育发展相对滞后，存在严重的投入不足问题。

相比于城市体育，农村地区的体育资金投入较少，这导致农村体育事业的发展面临着困难。在财政资源的配置中，更多的体育资金被用于城市体育事业的发展，而农村地区的体育资金相对匮乏。这种不均衡的财政资源配置导致农村地区体育事业的滞后，不利于农村群众参与体育活动。

要解决城乡体育财政资源配置不均衡的问题，需要采取综合措施。政府应加大对农村体育事业的财政投入，通过增加财政补贴和扶持政策，提高农村体育事业的发展水平。政府应加强农村体育基础设施建设，提供良好的体育场地和器材，为农村群众提供更多的体育活动场所。同时，政府应加强农村体育指导员队伍建设，培养更多的专业人才，提供专业的指导和训练服务。

尽管在全国范围内，有些城市和地区的财政投入规模较大，但由于缺乏高效的管理和有效的资源配置，导致了投入产出效率低下的局面。在产出方面，个别地区的休闲体育服务普遍存在产出不足的问题。例如，体育社团、综合运动项目组织的数量不足，体育俱乐部的产出也不理想。

这种现象涉及公共体育发展的多个方面，如体育指导员数量不足、单项运动项目组织不足、体质监测达标率低等。

产生这种问题的原因是多方面的，包括对休闲体育服务财政投入的管理和监督不够严格，导致财政资金使用效率低下，以及缺乏科学合理的规划和目标导向，导致投入的资金未能得到有效的利用。此外，也存在休闲体育服务体系中各环节之间协同不足的问题，导致资源的浪费和效果的不理想。

（二）我国休闲体育服务税收政策面临的主要问题与挑战

1. 税收激励方式的短期性

经济手段在培育体育财力资源方面起着重要而有效的作用，我国通过税收政策的优惠措施，积极促进资金流入体育市场，为休闲体育服务资金投入提供了重要支持。尤其是针对体育领域的税收优惠政策，为体育产业的发展提供了有力的经济支持。

我国现行的休闲体育服务税收优惠政策尽管在一定程度上刺激了休闲体育服务行业的发展，却仍存在一些问题。这一政策主要给大型赛事和初创企业提供优惠，以此刺激更多的资源流向体育产业，这无疑是极其重要的一步。然而，这种做法适用的时间和范围有限，无法满足休闲体育服务业长期发展的需要。而税收优惠政策的可持续性对于企业规模的扩大和服务优化至关重要。在我国休闲体育服务业中，大型赛事和初创企业是两个重要的组成部分，但并非全部。大型赛事能带动体育产业短期高速发展，而初创企业的兴起是创新的源泉。然而，它们的发展离不开长期、稳定的税收政策支持。如今，我国休闲体育服务业的税收优惠政策是直接减免税收，虽然这种方式能快速刺激资金流入体育领域，但其适用时间有限，主要适用于特定时期，需要更长期的有效激励手段来推动休闲体育服务财力资源的稳定增长。其短期性可能导致资源的过度集中和效率的降低，对于行业的长远发展可能带来负面影响。

2. 税收政策的临时性与非持久性

当前我国在体育领域的税收政策主要呈现出临时性和非持续性的特点，这一点在对大型赛事的税收优惠上尤其明显。这种做法对于吸引和承办大型赛事具有积极的推动作用，可以在短时间内提高体育市场的活跃度，激发社会的体育热情。然而，对于推动我国休闲体育服务的普及和常态化发展，其效果却有限。大型赛事的举办虽然可以一度带动体育市场的繁荣，但其时间和范围的局限性决定了其无法带动休闲体育服务业的长期发展。毕竟，这些赛事的举办周期往往只有数日或数周，而且主要集中在一些大城市。在赛事结束后，相关的市场活动往往也会随之冷却，对于大多数普通市民的日常体育活动影响有限。而真正能推动休闲体育服务行业发展的，应该是那些日常化、多元化和个性化的休闲体育服务。这些服务更贴近大众的日常生活，无论是在健身房进行有氧运动，还是在社区参与打羽毛球、打乒乓球等运动，都是休闲体育服务的重要组成部分。更重要的是，这些服务在满足市民日常健身需求的同时，也对于培养体育习惯、提高身体素质、增进身心健康具有重要意义。

二、全民健身背景下休闲体育服务体系优化面临的问题与挑战

近年来，我国在休闲体育服务方面取得了一定的进展，但与国民体育需求的增长速度相比，政府提供的公共体育服务能力仍存在一定差距。这导致了一些问题的出现，需要在优化休闲体育服务体系中加以解决。

（一）群众日益增长的多元化体育需求以及体育资源短缺之间的矛盾突出

社会上正在出现一种矛盾，那就是群众日益增长的多元化体育需求以及体育资源短缺之间的矛盾。这一点在许多方面都得到了体现，如休闲体育设施的稀缺、体育经费的不足、专业体育指导员的缺乏，以及公共体育信息和科技指导服务的短缺。这些问题都直接反映了供需之间的不平衡。如今人们热衷于进行体育锻炼和健身活动，然而，休闲体育设

施却未能跟上这种需求的增长，这无疑加大了公众获取和使用体育设施的难度。同时，体育经费不足也限制了新设施的建设和现有设施的维护。专业体育指导员短缺也是一个重要问题，公众对专业体育指导的需求日益增长，尤其是在一些需要技能和技巧的体育活动中，然而，当前无法满足这种需求。公共体育信息和科技指导服务的缺乏，也是导致国民科学健身需求无法得到满足的重要原因。在信息爆炸的时代，人们需要获取更多的体育健身信息，以便了解各种体育活动和科学健身的最新进展。此外，体育健身运动处方的普及不足，也是阻碍公众进行科学健身的一个重要因素。人们需要合适的体育健身运动处方，以保证他们能够按照科学的方法进行体育健身。不仅如此，健身空间的匮乏也导致国民体育健身需求无法得到满足，人们需要有足够的空间进行体育健身活动，但是在城市中，空间成为一种稀缺资源。

（二）优化休闲体育服务体系的过程之中面临许多失衡问题

我国休闲体育服务法制保障的优化是确保休闲体育服务与管理体制以及运行机制平衡发展的关键，目前存在的问题主要表现在有关规定不够完善、执行力度不够、责任界定不清等方面。为了解决这些问题，需要优化休闲体育服务规定，明确社会各方的职责和义务，确保休闲体育服务能够得到有效保障。在休闲体育服务滞后与国民体育服务需求增长矛盾突出的情况下，政府需要加大对休闲体育服务的投入，提升基础设施建设水平，提高体育场馆、健身设施等公共设施的供给能力。政府还应加强对基层体育队伍的支持和培养，提高体育指导员的数量和质量，以满足广大群众对体育健身服务的需求。

（三）公众对于休闲体育服务满意度较低

公众满意度是评估休闲体育服务质量的重要指标，反映了公众对休闲体育服务的认可程度。通过对公众休闲体育服务满意度的调查可以发现，我国个别省份以及不同职业和社会阶层的人群对休闲体育服务的满意度整体偏低。

第三章　休闲体育服务体系优化基本内容

第一节　休闲体育服务体系优化的基本理念

休闲体育服务体系优化的基本理念如图 3-1 所示。

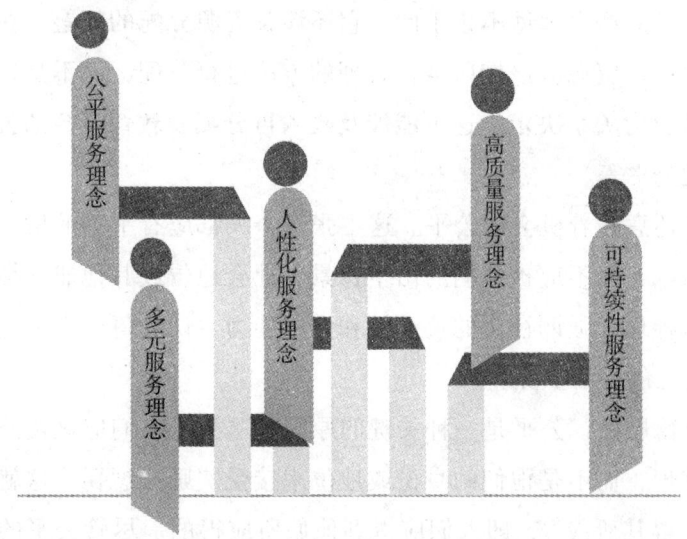

图 3-1　休闲体育服务体系优化的基本理念

一、公平服务理念

公平在休闲体育服务中的重要性被越来越多的人关注。这是因为，在体育领域，服务的公平性不仅能够提高消费者的满意度，而且是社会公正的体现。在这个层面，公平不仅仅涵盖服务的质量和价值，还包括服务的可获得性、可承担性和无歧视性。

（一）公平

"公平"是一个深厚而重要的概念，它存在于人们日常生活中的每个角落，同时是社会生活的一个核心原则。从个人交往到社会组织，从市场经济到公共政策，公平在其中扮演着关键的角色。

在最基本的层面上，公平意味着每个人都应受到平等的对待，无论他们的种族、性别、年龄、宗教、社会地位或其他身份特征。这种理念反对任何形式的歧视，并主张每个人都有权利参与并享受公共生活的福利。

但公平的概念远远不止于此，它还涉及资源分配的问题。在一个公平的社会中，资源应该按照某种合理的方法进行分配，而不是仅仅由市场力量或权力关系决定。这可能涉及收入再分配、教育机会的公平、健康服务的公平等。

公平还意味着机会的公平。这主张每个人都应有平等的机会去实现他们的目标，而不应被他们的出生背景、社会地位或其他非功绩因素所限制。这种理念强调社会的流动性和人的能力，认为每个人都应有机会去改善自己的生活状况。

在道德层面，公平是一种关键的原则。这主张人们应该按照他们的行为和表现，而不是他们的身份或地位来接受奖励或惩罚。这就是人们常说的"得其所哉"，即人们应得到他们所应得的。尽管公平的概念在不同的文化和社会中可能有所不同，但它的核心理念——平等、公正和尊重是普遍的。这些原则不仅是人们构建和谐社会的基础，还是人们解决社会问题的指南。在面对日益复杂和分化的世界时，公平的概念提供了一种基本的道德和社会原则，帮助人们判断和行动。

（二）公平与休闲体育服务体系优化的关系

公平在优化休闲体育服务体系的过程中不可忽视。公平不仅可以提升消费者的满意度和忠诚度，更能够体现社会公正和公平竞争的价值观。具体来说，公平的休闲体育服务体系应确保所有用户能获得同等质量的服务。这需要通过建立和执行严格的服务质量标准，定期进行服务质量评估，提供反馈和投诉渠道等方法来实现。通过这种方式，公平原则可以帮助休闲体育服务体系提高服务质量，满足用户的需求，从而优化休闲体育服务体系。在公平的休闲体育服务体系中，所有用户都应有平等的机会获得服务。这意味着服务应广泛分布，服务时间应适应用户的需求，信息应充足且易于获取。通过实现服务的可获得性，公平原则有助于扩大服务的覆盖范围，提高用户的满意度，从而优化休闲体育服务体系。公平还要求休闲体育服务的价格在用户可承受的范围内。这可能需要实施诸如设定多种价格级别、提供优惠政策、设置部分免费服务等策略。通过实现服务的可承受性，公平原则可以扩大服务的用户基础，满足更多用户的需求，从而优化休闲体育服务体系。

总之，公平与休闲体育服务体系优化之间是相辅相成的关系。通过在休闲体育服务中应用公平原则，可以实现休闲体育服务体系的全面优化与发展。

（三）公平服务理念在休闲体育服务体系优化方面的实践举措

在休闲体育服务体系的优化过程中，公平服务理念可以通过以下的实践举措来实现。

1. 贯彻服务的可获得性

服务的可获得性是休闲体育服务公平理念的关键要素之一。这意味着所有个体应有机会方便地获取和享受休闲体育服务。在实现服务可获得性的过程中，具体实施策略应根据地域、社群、技术以及个体需求的差异来制定。

人们可以通过在各个城市设立体育设施来提高服务的可获得性。体育设施可以体育馆、商业体育健身中心等形式出现。设施的设计和布局也需要考虑到不同年龄、性别、身体能力等差异，以满足各类人群的需求。

延长服务时间也是提高服务可获得性的有效方式。考虑到人们的生活和工作节奏，服务时间应尽可能灵活，这样可以满足那些日常工作时间无法参与体育活动的群体的需求。例如，部分体育设施可以提供全天候服务，或者在周末和节假日延长开放时间。

此外，人们还可以利用现代科技来提升服务的可获得性。通过网络平台，用户可以随时随地获取体育活动的信息，甚至可以在线参与一些体育活动。这不仅使得信息获取更为方便，还为用户提供了更多的选择。例如，开设虚拟健身课程、举办在线运动竞赛等，都是运用科技提升服务可获得性的方式。

总的来说，提高服务的可获得性需要多方面的努力。除了基础设施的建设和服务时间的调整，现代科技的运用也是提高休闲体育服务可获得性的重要途径。在这个过程中，相关人员需要不断关注用户的需求和反馈，以此来优化自身的服务，使之真正符合公平原则。

2. 贯彻服务的可承担性

服务的可承担性是休闲体育服务公平理念的关键要素之一，其主要目标是确保各种收入层次的人都能享受到休闲体育服务，以此来降低经济阻碍，提升服务的普遍性和包容性。

一种实现服务可承担性的方式是通过设定不同价格级别的服务，以满足不同消费者的需求。例如，为了吸引更多的消费者，体育中心可能会提供从基础到高级的不同级别的体育课程和活动。此外，也可以针对不同的器材进行差异化定价，以满足不同用户的预算需求。

提供优惠政策也是实现服务可承担性的重要方式。其主要包括为特定人群（如老年人、学生或低收入群体）提供折扣，或为常规用户提供会员卡或积分奖励。这些优惠政策不仅有助于降低某些人群的经济负担，还可以吸引和留住更多的用户，进一步扩大服务的受众群体。

提供一部分免费的体育活动也是实现服务可承担性的有效手段。这种活动包括免费的体育讲座、健身课程或体育竞赛等。这样的活动不仅可以让所有人都有机会参与，而且可以增强人们的凝聚力，推广体育运动的精神。

另外，与政府、社区、非营利组织等合作，通过共享资源、提供补贴或赞助等方式，进一步提高服务的可承担性。例如，政府可以提供资金支持休闲体育设施的建设和运营，或者提供税收优惠来鼓励企业提供更多的休闲体育服务。

3. 贯彻服务的无歧视性

服务的无歧视性是公平理念在休闲体育服务中的关键体现。它要求在提供服务过程中，避免因性别、年龄、种族、宗教或身体条件等因素产生歧视。要想实现这一理念，需要细致入微地考虑和设计各种服务方式，以确保每一个人都能够得到满足其需求和偏好的服务。

在实现服务无歧视性的过程中，要设计和提供多样化的体育活动。这包括不同程度的健身课程，各种体育比赛，以及适合不同年龄和能力水平的人的体育教学活动等。这样，无论是年轻人、老年人，还是儿童，都能找到适合自己的活动。

在实现服务无歧视性的过程中，要保证所有人都有平等的参与机会。这不仅意味着要提供平等的服务和设施使用权，还需要在活动组织和运营过程中，消除可能存在的任何形式的歧视。例如，人们在比赛规则制定、队伍选拔、奖励分配等环节中需要遵循公正、公平、公开的原则。

在实现服务无歧视性的过程中，要设计一些特别针对儿童、老年人和残疾人等特殊群体的体育设施和活动。例如，为儿童提供更安全的游乐设施，为老年人设计更合适的健身活动，为残疾人提供易于使用的设施等。这样，可以确保这些特殊群体也能够享受到休闲体育服务。

在实现服务无歧视性的过程中，要借助相关的法律法规和政策支持。通过制定和执行反歧视法规，以及通过公平的服务准则和实践，可以进一步确保服务的公平性。同时，也可以通过员工培训和教育，提高他们对公平服务理念的认识和执行能力。

4. 贯彻服务质量的公平性

贯彻服务质量的公平性，是确保所有消费者享受高质量服务的重要原则。这一原则的实现涉及众多的实践策略，包括质量管理和监督，服务评估和审计，以及投诉和反馈机制的建立。

建立一套严格的质量管理和监督制度，是实现服务质量公平性的基础。这包括制定明确的服务标准，建立质量控制流程，以及设立监督和惩罚机制等。服务标准应涵盖服务的各个方面，如设施的安全和清洁，员工的专业和友善，活动的组织和运行等。

定期进行服务质量的评估和审计，这是维持和提升服务质量的重要手段。评估和审计有助于人们了解服务在实际操作中的效果，发现存在的问题，思考解决问题的方法。这一过程应涉及各个服务环节，并以客观、公正、细致的态度进行。

相关人员要提供有效的投诉和反馈机制。消费者应有渠道和机会反映他们的需求和问题，相关人员则需要对这些反馈进行认真的处理和回应。这不仅可以帮助相关人员更好地了解消费者的需求，还有利于提高消费者的满意度。

相关人员要关注服务的持续改进。这可能涉及技术的更新、员工的培训、管理方式的创新等。同时，相关人员需要关注社会的发展和变化，以及相关的法律法规和政策，以便提供的服务能够与时俱进，满足人们不断变化的需求。

5. 贯彻持续的公平优化

贯彻持续的公平优化意味着公平服务理念不仅应存在于休闲体育服务体系的设计和实施阶段，更应融入其持续优化和改进的过程中。这要求相关人员始终保持对消费者需求的敏锐洞察，对服务质量的严格把控，对社会和技术发展趋势的关注，以实现休闲体育服务体系的持续优化和改进。

定期收集和分析消费者反馈是服务持续优化的基础。这包括通过调查问卷、面对面访谈、社交媒体平台等多种方式获取消费者的反馈信息。这些信息可以帮助相关人员了解消费者的满意度，识别服务的优点和不足，发现人们新的需求和期待，从而进行相应的改进和优化。

相关人员要进行服务的持续改进和政策优化。这可能涉及服务流程的优化，服务质量的提升，服务政策的修订等。例如，相关人员可以根据消费者反馈优化服务流程，提升服务效率；相关人员可以通过培训和技术改进提升服务质量；相关人员可以根据社会变化和消费者需求调整服务政策。

相关人员要学会使用技术和关注社会需求。例如，随着科技的发展，相关人员可以使用新的技术工具和平台提升服务效率，增强服务体验，或者开发新的服务形式；随着社会的进步，相关人员需要关注新的社会需求，关注公平性问题的新动态，以便提供的服务更好地适应社会发展。

相关人员要以开放和创新的态度持续推进公平优化，要接受新的观念，尝试新的做法，持续学习和改进。人们需要认识到，服务的公平性是一个动态的过程，它需要人们不断地努力和创新，以满足日益变化和多元化的消费者需求，实现服务的公平和优质。

二、多元服务理念

当代社会，多元服务已成为休闲体育服务体系的核心理念。这一理念倡导人们尊重和响应消费者的多样性，提供广泛、丰富和多元化的服务，满足不同群体的需求和期待。它强调服务的公平性和包容性，确保所有人都有机会享受到优质的体育服务。

（一）多元服务理念对于休闲体育服务体系的积极作用

多元服务理念对于休闲体育服务发展具有一定的促进作用。它可以帮助相关人员更好地满足用户的需求，提升用户体验，提高用户参与度，创新服务形式，提升社会包容性，以及推动服务的持续发展和改进。

1.有利于提升用户体验

相关人员提供更加丰富和多样的体育服务，以满足不同用户的需求和偏好。例如，相关人员可以提供不同的体育课程和活动，以适应不同年龄、性别、能力和兴趣的用户。通过这种方式，用户可以更好地找到适合自己的服务，从而提升他们的体验和满意度。

2. 有利于提高用户参与度

多元服务理念也可以鼓励更多的用户参与体育活动。通过提供各种各样的体育活动，可以吸引更广泛的用户群体，包括那些以前可能不参与体育活动的人群。这不仅可以提高用户的活动参与度，还有助于推广体育活动，增加体育活动的社会影响力。

3. 有利于创新服务形式

多元服务理念鼓励相关人员尝试新的服务形式和方法。例如，相关人员可以利用新的科技工具，如虚拟现实和移动应用等技术，来提供新颖的体育服务。这种创新可以提供更丰富的体育体验，同时可以帮助人们更好地适应技术发展和社会变化。

4. 有利于提升社会包容性

多元服务理念强调服务的公平性和包容性。通过提供各种针对不同群体的体育服务，可以确保所有人都有机会参与体育活动，从而提升社会的包容性和公平性。

5. 有利于促进体育服务的发展

多元服务理念可以推动体育服务的持续发展和改进。通过持续收集用户反馈，分析用户需求，以及实施新的服务策略，相关人员不断优化和改进自身所提供的服务，从而提升服务的质量和效率。

（二）多元服务理念在休闲体育服务体系优化方面的实践举措

通过以下这些实践举措，可以更好地实现多元服务理念，使休闲体育服务体系更加丰富、多元、包容和优质，从而更好地满足社会和消费者的需求，推动休闲体育服务的发展。

1.丰富服务种类

丰富休闲体育服务种类是践行多元服务理念的首要步骤，因为它涉及最基础的服务内容和形式。要想提供多样化的服务和活动，体育服务提供者需要了解并满足不同用户的兴趣和需求，这也是体现服务公平和多元化的重要手段。

休闲体育服务的消费者是多元化的，他们在年龄、性别、职业、文化背景、身体状况、经济状况等方面都存在显著的差异。因此，他们对于体育服务的需求和期待有所不同。例如，青少年和成年人可能更喜欢竞技性强、挑战性高的体育活动，如足球、篮球、田径等；而老年人可能更偏向于温和、有益健康的体育活动，如太极、瑜伽、健步走等。不同的性别、职业和文化背景，也会影响人们的体育兴趣和习惯。因此，提供多样化的体育服务，不仅是满足消费者需求的必要手段，还是实现服务公平和多元化的关键。

提供多样化的服务和活动，涉及两个主要方面：一是提供多种类型的体育活动，如团队运动、个人运动、竞技运动、休闲运动等；二是提供多种形式的服务，如线下活动、线上活动、指导服务、设施租赁服务等。

对于体育活动类型，可以按照运动的性质和特点，将其大致分为团队运动和个人运动、竞技运动和休闲运动。团队运动，如踢足球、打篮球、打排球、打棒球等，通常需要多人共同参与，需要团队合作和策略配合，更加强调竞技性和挑战性。这类运动通常需要较高的技能水平和良好的身体素质，更适合年轻人和运动爱好者。而且，由于它们通常需要特定的场地和设备，因此，在提供这类服务时，体育服务提供者需要具备相应的硬件设施和专业人员。个人运动，如瑜伽、游泳、跑步等，通常可以单独进行，更加强调个人体验和自我挑战。这类运动可以根据个人的身体状况和技能水平，自由调整运动强度和形式，更适合不同年龄、性别和身体状况的人群。而且，由于它们通常不需要特定的设备和场地，因此，在提供这类服务时，体育服务提供者可以灵活应对。竞技运动，如踢足球、打篮球、打乒乓球等，通常需要比赛和对抗，更加强调技能和成绩。这类运动通常需要较高的技能水平和良好的身体素质，更适合运动爱好者和专业运动员。而且，由于它们通常需要比赛规则和裁判，因此，在提供这类服务时，体育服务提供者需要具备相应的管理能力和专业知识。休闲运动，如游泳、骑行、健步走、跳舞等，通常不需要比赛和对抗，更加强调娱乐和放松。这类运动可以根据个人的兴趣和时间，自由选择运动形式和强度，更适合所有人群。而且，由于它们通常不需要特定的场地和设备，因此，在提供这类服务时，体育服务提供者可以灵活应对。

对于服务形式，可以按照服务的提供方式和环境，将其大致分为线下活动、线上活动、指导服务、设施租赁服务等。线下活动，是指在特定的场地和时间组织的体育活动，如球赛、运动会、健身课程等。这类活动通常需要预约和报名，需要专业的教练和裁判，更加强调社交和体验。由于它们通常需要较高的组织能力和管理水平，因此，在提供这类服务时，体育服务提供者需要具备相应的硬件设施和专业人员。线上活动，是指通过互联网和移动设备提供的虚拟的体育活动，如在线健身课程、电子竞技、VR运动等。人们可以随时随地参与这类活动，不受时间和地点的限制，更加强调便捷和自由。由于它们通常需要较高的技术支持和一定的创新思维，因此，在提供这类服务时，体育服务提供者需要具备相应的技术能力和创新精神。指导服务，是指提供专业的体育指导和训练。这类服务通常需要预约和付费，需要专业的知识和技能，更加强调个性化和专业化。由于它们通常需要一定的教育和培训，因此，在提供这类服务时，体育服务提供者需要具备相应的人才和资质。设施租赁服务，是指提供体育设施和设备的租赁服务，如篮球场、游泳池、健身器材等。这类服务通常需要预约和付费，需要适当的管理和保养，更加强调实用和经济。由于它们通常需要较高的投资和运营成本，因此，在提供这类服务时，体育服务提供者需要具备相应的资源和能力。

2.利用科技优化服务

科技的运用是休闲体育服务多元化的重要实践举措。科技在优化休闲体育服务体系中的作用不仅在于提供新的交互平台和工具，更在于它能够使体育服务更具个性化，更方便用户获取和使用，以及使体育服务的管理和运营更为高效和智能。

在交互平台上，移动应用、社交媒体、虚拟现实等科技手段的运用，极大地丰富了休闲体育服务的形式和内容。用户可以通过手机应用或社交媒体，随时随地获取服务信息，预约场地，报名参加活动，分享运动经历，甚至进行在线竞赛。虚拟现实技术可以使用户在家中就能享受到仿真的体育活动，如 VR 健身、VR 游泳等。这些技术手段不仅提供了新的交互方式，还使得体育服务更具有趣味性和吸引力。

在个性化服务上，大数据、人工智能等科技手段的运用，使得体育服务能够更好地满足用户的个性化需求。通过收集和分析用户的运动数据，相关人员可以了解用户的运动习惯、运动能力、运动目标等信息，从而提供个性化的运动计划、运动建议，甚至运动教练。通过用户的反馈和评价，相关人员可以及时调整服务内容和方式，从而提高服务质量和满意度。这些技术手段不仅提供了个性化的服务内容，还使得服务的提供更具有针对性和有效性。

在管理和运营上，云计算、物联网等科技手段的运用，使得体育服务的管理和运营更为高效和智能。云计算技术可以帮助人们高效地存储和处理海量的用户数据，从而更好地支持个性化服务的提供。物联网技术可以帮助人们实时监控体育设施的状态，从而更好地保证服务的质量和安全。这些技术手段不仅提高了管理和运营的效率，还使得服务的提供更具有稳定性和可靠性。

综上所述，科技的运用在休闲体育服务体系的优化中有着重要的作用。然而人们也应看到，科技并非万能，它只是一个工具，能够帮助人们更好地服务用户，更高效地管理和运营。真正的关键还在于人们对用户需求的了解和满足，以及对体育服务的热情和承诺。因此，人们在运用科技优化服务的同时，也需要不断提高自身的专业素养，提升自身的服务理念，以期提供更优质、更多元的休闲体育服务。

3. 设定多元化的价格策略

价格策略在休闲体育服务体系中扮演着至关重要的角色。合理且多元化的价格策略不仅可以吸引更广泛的消费者群体，还可以通过差异化的价格来满足不同消费者的特定需求，进一步优化和完善休闲体育服务体系。

相关人员要设定多元化的价格级别，以适应不同消费者的支付能力。这可以通过提供不同级别的服务来实现，如基础服务、高级服务和豪华服务，每个级别的价格和服务内容都不同。例如，基础服务包括基本的健身设施和自由活动时间，而高级服务可以提供专业的健身教练和定制的运动计划，豪华服务则可以提供一对一的私人教练和优质的休息空间等。这样的价格策略不仅可以满足不同收入水平的消费者的需求，还可以给消费者提供更多的选择，让消费者根据自己的需求和预算来选择最适合自己的服务。

相关人员可通过提供折扣、优惠券等方式鼓励更多的用户参与。相关人员，我们可以提供早鸟折扣，鼓励消费者在非高峰时间进行运动；相关人员可以提供团体折扣，鼓励消费者和朋友、家人一起参与活动；相关人员还可以提供积分制度，让消费者通过参与活动和推荐新用户来积累积分，然后用积分兑换服务或获得折扣。这样的价格策略不仅可以吸引更多的新用户，还可以提高现有用户的忠诚度和活跃度。

相关人员还要考虑到社会责任和公平性。例如，相关人员可以为学生、老年人和低收入群体提供优惠价格，让他们也能够享受到体育服务。相关人员还可以提供一部分免费的服务和活动，让更多的人能够参与体育运动，提高全社会的运动水平和健康水平。

4.提供全面的服务渠道

在休闲体育服务体系中，服务渠道的多样性和全面性是不可忽视的一环。它不仅关乎服务的可达性和方便性，更直接影响到用户的参与度和满意度。因此，提供全面的服务渠道是优化休闲体育服务体系的重要举措。

传统的体育场馆和俱乐部依然是提供休闲体育服务的主要渠道。这些地方通常拥有良好的设施和设备、专业的教练和服务人员、丰富的活动和课程，可以满足消费者的基本需求。为了进一步提升服务质量和满意度，人们可以定期更新和升级设施设备，定期培训和评估服务人员，定期调整和丰富活动课程，以及建立反馈和投诉机制，听取消费者的需求和意见。

公共空间如公园、广场、街头等，也可以被用来提供体育服务。这些地方通常地理位置优越，环境舒适，非常适合进行休闲体育活动。相关人员可以在这些地方设置一些基本的体育设施，如篮球场、足球场等；相关人员也可以在这些地方定期举办一些体育活动，如健身比赛、瑜伽活动等。通过利用公共空间提供体育服务，相关人员不仅可以使更多人方便地参与体育活动，还可以提高公共空间的使用效率和社会价值。

线上平台也成了提供体育服务的重要渠道。通过这些平台，消费者可以随时随地获取信息，预约服务，参与活动，分享经验，甚至进行虚拟运动。为了提高线上服务的质量和满意度，相关人员需要建立易用且安全的平台，提供丰富且有价值的内容，提供高效且便捷的服务，以及建立反馈和投诉机制，听取消费者的需求和意见。

综上所述，通过提供全面的服务渠道，可以使休闲体育服务更为便捷和多样，满足更多消费者的需求，提高休闲体育服务的覆盖率和影响力，进一步优化和完善休闲体育服务体系。

5.关注特殊群体

特殊群体的需求和利益常常被忽视，而他们对于体育运动的渴望和参与度却并不逊色于其他群体。因此关注并满足特殊群体，如老年人、残疾人、儿童等的体育需求，是优化休闲体育服务体系的重要任务。

相关人员要了解特殊群体的需求。每个群体都有其独特的体育需求。例如，老年人可能更喜欢温和而有益健康的运动，如打太极、跳瑜伽等；残疾人则需要有特殊设施和辅助工具的体育活动，如轮椅篮球、盲人足球等；儿童则需要有趣且有益身心发展的运动，如跳体操等。相关人员需要深入了解和研究他们的需求，以便提供最适合他们的服务。

相关人员要提供适合特殊群体的设施和活动。这需要在设计和规划体育场所时，考虑到特殊群体的需求和利益。例如，设置专门的老年健身区，配备适合老年人的健身器材和设施；设置无障碍体育设施，如有声标识的跑道等；设置儿童游乐区，提供安全且有趣的游乐设备和体育活动。

相关人员要提供特殊的服务和支持。例如，提供专业的健身教练，为特殊群体提供个性化的训练和指导；提供特殊的体育课程，如老年瑜伽、残疾人游泳、儿童体操等；提供特殊的优惠，如老年人优惠、残疾人免费、儿童折扣等。

关注特殊群体，满足他们的需求，提供适合他们的设施和活动，这不仅是社会责任，还是提升服务质量和满意度、优化休闲体育服务体系的重要途径。

6. 持续优化服务

持续优化服务是休闲体育服务体系中至关重要的一环。此环节主要涉及用户反馈的收集、数据的深入分析，以及对服务质量、活动形式、设施设备等进行周期性的评估和优化。这一环节的目标在于提供更加优质、贴心的服务，以满足消费者的期望。

用户反馈是获取真实、直接的服务评价信息的重要途径。它能够帮助相关人员捕捉到服务中存在的问题和不足，如服务态度、活动组织、设施设备的使用等方面。在收集反馈的过程中，可以使用问卷调查、面对面访谈、电话回访、社交媒体互动等多种方式，还要尽可能覆盖所有用户群体。通过不断收集和整理用户反馈，可以透视用户需求和问题，为服务优化提供明确的方向。

数据分析是了解用户行为和需求、预测服务趋势的重要手段。通过对用户行为数据、服务使用数据、市场数据等进行分析，可以揭示用户的偏好和满意度，了解服务的状况和影响因素，预测市场的发展和变化。这不仅可以帮助相关人员更好地满足用户的现有需求，还可以引导服务的创新和发展，预先满足用户的潜在需求。

对服务质量、活动形式、设施设备等进行周期性的评估和优化，是持续提升服务的关键步骤。在评估过程中，需要定期检查和测试服务的各个环节，确认它们是否符合预定的标准和目标，是否能满足用户的需求。在优化过程中，需要根据评估结果和用户反馈，调整和改善服务的策略和方法，如提升服务人员的专业技能，改变活动的组织方式，升级和替换设施设备等。

总的来说，持续优化服务是休闲体育服务体系中不断提升服务水平、适应市场变化、满足用户需求的重要工作。只有不断优化，服务才能不断进步，休闲体育服务体系才能不断完善。

三、人性化服务理念

人性化服务理念是以人为中心，深入了解和满足用户需求，创造温馨舒适的服务环境，提供周到贴心的服务的理念。在休闲体育服务领域中，这一理念具有尤其重要的意义。体育活动本身就是一种人的活动，其目的在于让人们得到身心的放松和愉悦。因此，服务必须尊重人的需求和感受，关心人的利益和权益，以人的满意和幸福为服务的最高目标。这就需要工作人员运用人性化服务理念，将人的因素融入服务的每一个环节，将人的需求和期望作为服务的出发点和归宿，以此提供超出预期的优质服务，创造卓越的用户体验。

（一）人性化服务理念对于休闲体育服务体系的积极作用

人性化服务理念对于休闲体育服务体系的积极作用主要体现在提升用户满意度、推动服务创新、提升服务质量和建立良好的服务品牌等方面。

人性化服务理念有利于提升用户满意度。人性化服务理念以满足用户需求为核心，不断提升用户体验，从而提升用户满意度。这意味着其在服务的每一个环节都以用户的需求和期望为出发点和归宿。例如，通过深入了解用户的运动需求、偏好和习惯，提供适合他们的运动项目和服务；通过改善设施环境，创建舒适的运动空间；通过优化服务流程，提供便捷的服务体验。

人性化服务理念有利于推动服务创新。人性化服务理念倡导以人为本，以用户需求为导向，推动服务持续创新。例如，根据用户的需求，开发新的体育项目和服务形式；利用新的科技手段，如虚拟现实、大数据等，提供新的服务方式和体验。

人性化服务理念有利于提升服务质量。人性化服务理念强调对用户的尊重和关心，这要求相关人员提供高质量的服务。这里所说的质量不仅包括硬件设施的质量，如设施的完备和舒适，还包括软件服务的质量，如服务态度和专业水平。只有高质量的服务，才能真正满足用户的需求，获得用户的认可和信赖。

人性化服务理念有利于建立良好的服务品牌。人性化服务理念的贯彻实施，能够建立和塑造良好的服务品牌。优质、人性化的服务，可以让用户有良好的体验，从而形成良好的口碑，吸引更多的用户，提高品牌的知名度和美誉度。

（二）人性化服务理念在休闲体育服务体系优化方面的实践举措

人性化服务理念在休闲体育服务体系优化的实践举措如下。

1. 提供个性化服务

个性化服务理念在休闲体育服务中主要表现为深入了解和满足每一个用户的独特需求和偏好。这涉及对每个用户的运动习惯、身体条件、偏好和需求进行精细化的了解和分析，然后根据这些信息提供专门设计和定制的运动项目和课程。例如，在休闲体育项目的选择上，考虑到用户的年龄、身体状况和运动喜好，提供适合他们的运动项目。对于年轻人，可能更喜欢竞技和团队运动，如踢足球、打篮球等；而对于中老年人，可能更喜欢太极等对身体压力较小的运动；对于儿童，可以提供更富有趣味性和教育性的运动，如跳体操、游泳等。另外，也可以根据用户的身体状况提供专门的运动课程，如为有心脏病的人提供低强度的健身课程，为孕妇提供安全的孕妇瑜伽课程等。

而在服务的形式和方式上，也可以进行个性化的定制。例如，为喜欢自由安排运动时间的用户提供 24 小时开放的健身房服务，为喜欢社交的用户提供团队运动和运动社群等。更进一步，可以利用数据分析和人工智能技术，实现对用户偏好的精细化分析和预测。通过收集和分析用户的运动数据、使用记录等，可以发现用户的运动习惯和喜好，预测他们的需求，然后根据这些信息提供更个性化的服务。例如，相关人员可以根据用户的运动数据为他们推荐运动项目和课程，提供个性化的健身计划和营养建议等。

从总体上看，个性化服务理念强调的是以用户为中心，深入了解和满足他们的独特需求和偏好，提供更符合他们期望的服务。这不仅可以提高用户的满意度和忠诚度，还可以为休闲体育服务提供者带来更高的用户价值和市场竞争力。

2. 创造良好的服务环境

创造良好的服务环境包括提供安全、舒适的服务环境，为用户创造一种愉快的体育体验。

休闲体育服务应提供安全的环境。这意味着相关人员要确保设施的安全性和完整性，对此，人们要做到以下几点：定期检查和维护设备，确保没有安全隐患；要提供充足的照明，以避免在低光环境下运动引发的安全问题；要设置适当的警示标识，提醒用户注意安全。

休闲体育服务也需要提供舒适的环境。例如，相关人员可提供设施完备、环境良好的体育场所，提供适当的制冷或供暖设施，以确保运动环境的温度适宜；相关人员可以提供足够的休息空间和洗浴设施，以便用户在运动后放松身体；此外，相关人员也可以提供一定的停车设施，使用户更容易地到达和离开体育场所。

休闲体育服务还需要创造热情、友好的服务氛围。这可以通过提供优质的客户服务，如热情的接待、快速的反应和有效的问题解决来实现。

总的来说，良好的服务环境不仅可以提高用户的满意度，还可以吸引更多的用户来参与休闲体育活动，从而提高休闲体育服务的影响力和吸引力。另外，良好的服务环境也可以提升休闲体育服务的品牌形象和声誉，为其带来更大的市场价值。

3. 提供便利的服务体验

提供便利的服务体验是人性化服务理念的重要体现，它通过简化服务流程，为用户带来更高效、更轻松的休闲体育服务体验。这包括使用移动应用和自助服务设备，让用户可以轻松预约服务、支付费用和获取信息。

移动应用技术可以极大地提高服务的便利性。现代的智能手机和移动应用程序为用户提供了随时随地获取服务的可能性。例如，用户可以通过手机应用预约体育设施或参加体育活动，无须亲自去体育场馆排队等待。这不仅节省了用户的时间，还使体育活动的参与更加灵活和自由。

自助服务设备也是提供便利服务体验的重要工具。例如，自助收费机可以让用户快速支付费用，无须等待工作人员的处理；自助信息查询机可以提供丰富的体育活动信息和使用指南，帮助用户更好地利用体育设施和服务。

简化的服务流程也是提供便利服务体验的关键。例如，相关人员可以通过优化服务流程，减少用户的等待时间和处理步骤；相关人员可以通过提供在线咨询和帮助，解答用户的疑问，提高服务的透明度。

可见，提供便利的服务体验不仅可以提高用户的满意度和忠诚度，还可以提升休闲体育服务的效率和效益。同时，提供便利的服务体验也是建立现代、高效、用户友好的休闲体育服务品牌的重要方式。

4. 设立有效的反馈机制

设立有效的反馈机制是人性化服务理念的关键组成部分，它旨在建立开放和透明的沟通渠道，鼓励和欢迎用户提出他们的建议和意见。通过这种方式，休闲体育服务体系可以根据用户的反馈进行持续的服务改进。

有效的用户反馈机制需要以用户为中心，鼓励他们积极表达自身的需求和感受。相关人员可以通过多种方式收集用户反馈，如设立在线反馈平台、社区论坛以及进行满意度调查等，使得用户可以方便地提供他们的观点和建议。同时，相关人员也需要保证反馈渠道的公开和透明，让所有的用户都能看到他们的反馈被认真对待和回应。

相关人员还需要重视和尊重用户的反馈，以它们为改进服务的重要依据。这既包括对用户反馈的及时处理和回应，如公开回应用户的投诉，及时修正存在的问题；也包括根据对用户反馈的分析和总结，定期进行服务的评估和优化，如改进服务流程、增加新的服务内容、提升服务质量等。

此外，建立有效的反馈机制也需要维护用户的权益，确保他们在享受服务过程中的合法权益得到保护。例如，建立公正的投诉处理机制，对存在的服务问题进行公正、公开的审查和处理；保护用户的隐私权，不泄露用户的个人信息。

四、高质量服务理念

在休闲体育服务体系中，高质量服务理念是至关重要的。它意味着在服务的每一个环节都要追求卓越，从而确保用户获得最佳的体验。这种理念要求服务提供者在服务设施、服务流程、服务人员、服务内容等方面都要严格把控质量，持续优化，以满足甚至超越用户的期待。

（一）高质量服务理念对于休闲体育服务体系的积极作用

高质量服务理念是推动休闲体育服务体系优化和发展的重要驱动力。它的实践和应用可以为休闲体育服务体系带来诸多积极影响和改变。

高质量服务理念的应用有利于提高用户的满意度。当休闲体育服务满足或超过用户的期待时，用户的满意度就会提高。高满意度能够使用户产生良好的体验感，进一步提高他们对服务的接受度。长期来看，高满意度也会转化为用户的忠诚度，使他们更愿意继续使用这些服务，并向他人推荐。

高质量服务理念的应用有利于提高服务机构的声誉和品牌形象。当服务质量提高、用户满意度提高时，服务机构的社会声誉也会相应提高。良好的社会声誉可以带来更多的用户和更大的市场份额，同时能吸引更多的合作伙伴和投资者。

高质量服务理念的应用有利于推动服务创新。追求服务质量的过程，也是一个不断发现问题、解决问题和改善服务的过程。这个过程会推动服务机构对现有服务进行反思和创新，从而不断产生新的服务方式、服务内容和服务模式。

高质量服务理念的应用有利于构建公平、包容的体育服务环境。当服务质量得到保证时，所有用户都有可能获得优质的服务体验，无论他们的性别、年龄、能力或收入如何。这不仅有助于推动体育服务的普及和推广，还有助于实现社会公平和包容。

（二）高质量服务理念在休闲体育服务体系优化方面的实践举措

在休闲体育服务行业中，提供高质量的服务是保持竞争力、满足消费者需求，以及促进业务持续发展的关键要素。因此，实施高质量服务理念对于优化休闲体育服务体系具有重要的意义。相关人员可建立严格的质量管理制度，使用先进的技术和设备，提供专业的培训和指导，以提高服务质量，提高用户满意度，提升体育服务的综合效果。这样的实践举措不仅对休闲体育服务体系本身产生了深远的影响，还对整个社会的健康和福祉产生了积极的效益。

1. 建立严格的质量管理制度

建立严格的质量管理制度是提高服务质量的首要步骤。高标准、高要求的质量管理制度能够使服务提供者明确目标，明确对服务效果的期望值，从而使服务提供者朝着特定方向去提高服务质量。

首先，相关人员要制定一套全面的服务质量标准，这些标准需要覆盖服务的所有方面，包括但不限于体育设施的完备性和安全性、体育项目的多样性和新颖性、教练员的教学质量和专业能力、服务人员的服务态度和效率，以及服务过程中的用户体验等。这些标准应该是清晰、具体和可衡量的，以便服务提供者对服务进行有效的管理和监控。

其次，相关人员要建立一套有效的质量监管机制，确保服务提供者能够严格按照服务质量标准进行运作。这需要设立专门的质量监管部门，负责定期进行服务质量的检查和评估，发现问题及时进行整改。同时，为了确保质量管理制度的有效实施，相关人员还要定期进行内部评审和外部审计。内部评审主要是定期检查服务的质量状况，找出问题和不足，提出改进措施。外部审计则可以从一个更加客观和公正的角度对服务质量进行评价，是对内部评审的补充。

在此基础上，相关人员还要建立一个反馈机制，鼓励消费者对服务质量提出自己的看法，使得服务提供者可以及时了解并改进服务质量。这种反馈可以通过在线评价系统、客户满意度调查等方式实现。

2. 使用先进的技术和设备

在当今的科技大潮之中，先进的技术和设备不仅提高了休闲体育服务的运营效率，还能显著提高服务质量，满足消费者对高品质体验的期待。

智能健身器材的引入，可为消费者提供精准、专业的健身指导。这些设备通常带有传感器和智能分析系统，能够实时监测用户的运动数据，如心率、运动强度、消耗的卡路里等，以及运动姿态的正确性。然后徐，根据这些信息给出个性化的健身建议和调整方案，使用户能够更有效、更安全地进行健身。

大数据和人工智能（AI）技术的应用，可以提升服务的个性化水平和预测准确度。例如，通过收集和分析用户的运动历史数据、健康状况、运动喜好等信息，可以提供个性化的服务推荐，如推荐符合用户偏好的运动项目、课程和教练。此外，这些技术还能够预测用户的行为和需求，如预测用户在什么时间、什么地点最可能需要使用服务，从而提前做好服务准备。

先进的技术和设备还可以提高服务的便捷性和舒适性。例如，移动支付和自助服务设备的使用，可以让用户在预约服务、支付费用和获取信息等过程中获得愉快体验；智能空调和照明系统可以根据环境和用户的需求自动调节室内温度和光照，提高用户的舒适度。

3. 提供专业的培训和指导

专业的运动指导和培训不仅能够提升用户的运动效果，还能够显著提高用户的参与体验。

休闲体育服务要配备专业的健身教练。专业的健身教练具备丰富的运动知识和技能，能够根据用户的体质、健康状况和健身目标，提供个性化的健身计划和指导。他们不仅能教授给用户正确的运动技术，以提高运动效果和防止运动伤害，还能鼓励和激励用户坚持运动，提高健身的积极性。

休闲体育服务要提供各种运动课程。这些课程应覆盖各种运动类型，如跳舞蹈、游泳等，以符合不同用户的偏好和需求。此外，应根据年龄、性别和体能状况，设计不同难度和强度的课程，让所有用户都能找到适合自己的运动项目。

休闲体育服务要通过各种方式提升课程的趣味性和互动性，如引入音乐元素，组织小组比赛等，使用户在享受运动乐趣的同时，提高健康水平。除此之外，通过开设健康讲座和培训课程，可以进一步丰富用户的运动知识。例如，教授用户如何制订合理的运动计划，如何正确使用健身器材，如何预防和处理运动伤害等。

五、可持续性服务理念

在 21 世纪的今天，可持续性已经成为所有行业和领域都不能忽视的主题。在休闲体育服务行业，可持续性服务理念逐渐引起人们的重视。可持续性服务理念的核心是以可持续的方式提供服务，旨在满足当前的需求，同时考虑未来的需求，确保资源的有效利用，并在社会、经济和环境三个层面实现平衡。这一理念强调以人为本，注重服务质量，考虑环境影响，强调公平、包容和可持续发展。在实施可持续性服务理念的过程中，需要注重服务的创新、适应性和灵活性，以满足快速变化的市场需求。借助可持续性服务理念，休闲体育服务可以提升用户体验，增加社会价值，同时为自身的长远发展奠定基础。

（一）可持续性服务理念对于休闲体育服务体系的积极作用

可持续性服务理念对于休闲体育服务体系发展具有重要意义。它旨在实现服务的高效供给，满足社会多元化需求，同时尊重自然环境和社会公平，强调在满足当前需求的同时，保障未来的需求，从而使休闲体育服务在环境、经济和社会三个维度上取得持久的成功。

在环境层面，休闲体育服务体系的运行会对环境产生一定的影响，如设施建设、设备使用、能源消耗等。在遵循可持续性服务理念的基础上，人们可以通过使用环保材料、使用节能设备、减少废弃物等方式，降低对环境的影响。此外，还可通过开展环保主题的体育活动，提高人们的环保意识。

在经济层面，可持续性服务理念倡导合理、高效的资源使用，以提高经济效益。在休闲体育服务体系中，可以通过提高设施利用率、提高服务质量、扩大服务范围等方式，实现服务的经济性。同时，高质量的服务也能吸引更多的用户，增加收入，形成良好的经济效益。

在社会层面，可持续性服务理念强调服务的公平性和包容性，即服务应能够满足不同群体的需求，尤其是弱势群体。在休闲体育服务体系中，可以通过提供多样化的服务、设定合理的价格策略、设立无障碍设施等方式，保证所有人都能享受到服务，提高社会的参与度和满意度。

以上方面相互影响、相互支持，共同促进休闲体育服务体系的持久发展。

（二）可持续性服务理念在休闲体育服务体系优化方面的实践举措

在全球面临环境挑战和社会责任日益增大的背景下，可持续性服务理念成为休闲体育服务体系优化的指导理念。通过环保运营、资源高效利用、社区参与、培训和教育以及前程公开等方式，不仅可以提供满足用户需求的高质量服务，还能减轻对环境的影响，实现服务的可持续性优化。

1. 提倡环保运营

提倡环保运营是可持续性服务理念的重要实践。具体来说，可以优先采用节能、耐用、可再生和可回收的设施和设备，以降低运营过程中的能耗和废弃物产生。例如，使用节能型健身器材和照明设备，使用由生物降解材料制成的运动器材和消费品，以及利用太阳能、风能等可再生能源为体育场馆提供电力。

在运营方式上，可以推行绿色办公，如通过电子化办公减少纸张使用，通过电子发票和电子会员卡减少塑料卡片的使用。此外，通过增加在线服务的供给，如在线预约、在线支付和在线课程，来减少用户的碳排放；通过设置绿色消费指南，引导和鼓励用户采取绿色的消费行为，如自己携带水壶和运动装备，正确分类和处理废弃物等。

环保运营不仅可以减少对环境的影响，还能使企业树立良好形象，吸引更多有环保意识的用户。同时，许多环保措施也能降低运营成本，提升运营效率。

2. 整合资源，高效利用

整合资源，高效利用是可持续性服务理念在休闲体育服务体系优化中的重要实践。通过对设施进行精细化管理，可以最大限度地减少资源的浪费，提高服务的效率和质量。

在技术的支持下，能实现更精细、更智能的设施管理。例如，人们可以通过物联网设备实时监测体育场馆和器材的使用情况，如使用频率、使用时长、使用状况等。这些数据不仅有助于相关人员更好地了解用户的需求和行为，还可以作为优化设施开放时间、服务内容和资源配置的依据。例如，如果数据显示某个时间段的使用率较低，就可以调整开放时间，减少无人使用时的能耗。如果数据显示某些设施的损坏率较高，可以加强维护，或者寻找更耐用、更环保的替代品。此外，相关人员还可以通过整合内外部资源，提高服务的供给效率。例如，与社区、学校等其他组织共享体育设施，或与其他服务提供商合作，提供一站式的体育服务，从而减少重复投资，节约资源。

3. 强调社区参与

只有深入了解社区的需求和问题，才能提供真正贴近社区、符合社区需求的休闲体育服务，从而推动社区可持续发展。

相关人员要通过举办各种社区体育活动，鼓励社区居民积极参与。这些活动可以是各种形式和规模的体育比赛、户外活动等，既能满足不同群体的运动需求，也能增强社区居民的归属感。这些活动也可以作为了解社区需求、收集反馈的重要渠道。

相关人员要建立社区体育委员会或者志愿者团队，让社区居民参与体育服务的设计、实施和评估。这样不仅可以利用社区居民的知识和经验，提供更贴近社区的服务，还可以增强他们对体育活动的认同感。

相关人员还要通过与社区的合作和交流，推动社区可持续发展。例如，相关人员可以与社区的学校、社区中心、非营利组织等合作，共享体育资源，提供更多元、更高效的体育服务。

4. 进行员工培训和教育

通过对员工进行全面系统的培训和教育，不仅能提高他们的环保意识和社会责任感，而且能够更好地引导他们在工作中实践可持续性服务理念。培训可以为员工提供完整的知识体系，其包括环保、资源节约、社区参与等方面的基础知识，以及如何在工作中实践这些理念的具体方法和技巧。这样，员工不仅能理解可持续性服务的重要性，而且能具备实践这一理念的基本能力。教育可以强化员工的价值观。通过分享成功案例、举办主题活动、进行实地考察等方式，可以使员工深入了解可持续性服务对于社会、环境和企业的长期价值，从而增强其社会责任感和环保意识。此外，培训和教育也是建立共享理念、提升团队合作能力的重要手段。员工可通过共同学习、讨论和实践提升服务的效率和效果。

5. 整个流程公开透明

流程公开透明有利于消费者和社区了解服务提供者的环保表现和社会责任，使他们能够明晰地看到服务提供者对可持续发展目标的致力程度和实施效果。例如，服务提供者可以定期发布环保报告，详细列举在提供服务过程中的环保实践，既包括节能措施、废物管理、碳排放情况等，也包括对自然环境的影响，如对生物多样性的贡献。通过这种方式，让社会公众了解自身在环保方面的努力和成效，增强公众的信任和支持。另外，服务提供者可以公开休闲体育服务对社区的影响，如推动社区健康、促进社区活动开展、支持弱势群体等，让公众了解休闲体育服务的社会价值和责任。

在这个过程中，服务提供者应接受公众的监督和反馈，对休闲体育服务的环保表现进行改进。这种互动可以进一步增强公众的参与感和影响力，促进服务提供者与社区的互动和合作。

第二节 休闲体育服务体系优化的目标

休闲体育服务体系优化的目标如图 3-2 所示。

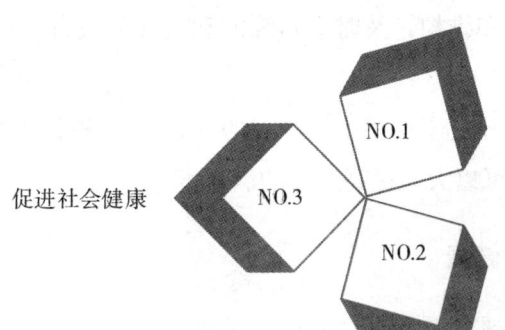

图 3-2 休闲体育服务体系优化的目标

一、提升服务质量

在现代社会，休闲体育服务体系已经成为人们生活品质的重要指标，为公众提供了一种有效的健身和娱乐方式。而提升服务质量无疑是优化休闲体育服务体系的首要目标。

服务质量的提升体现在专业性的提高上，只有具备专业知识和技能的教练员，才能准确了解每个用户的具体需求，从而提供有针对性的运动指导和建议。高质量的培训课程和专业指导，能够帮助用户提高运动效果，更安全地进行运动，从而提高他们的体育服务体验。

服务质量的提升也体现在个性化服务的实施上。在现代社会，每个人的生活方式、健康状况和运动需求都是不同的。因此，提供个性化的服务，满足每个人的特殊需求，就显得尤为重要。例如，通过使用大数据和人工智能技术，可以更准确地了解用户的偏好和习惯，从而推荐最适合他们的运动项目和课程。

服务质量的提升还体现在设施和设备的优化上。优质的设施和设备能为用户提供更好的运动体验，同时能确保他们的安全。所以定期对设施和设备进行检查和维护，及时更新陈旧和损坏的设备，是提升服务质量的重要措施。

服务质量的提升更体现在服务流程的优化上。优化服务流程，使其更加便捷和高效，可以大大提高用户的满意度。

二、促进社会健康

休闲体育服务体系的核心目标之一是促进社会健康，其涵盖了身体健康、心理健康和社区健康等多个方面。

（一）身体健康是社会健康的基石

优化的休闲体育服务体系能提供各种各样的运动项目，满足不同人群的健身需求，从而帮助他们保持身体健康，预防多种慢性疾病。

对于青少年群体，休闲体育服务体系可以开设各类运动课程，如足球、篮球、游泳等课程，这样不仅能培养他们的运动技能，增强身体素质，还能通过团队运动培养他们的合作精神和社交能力。此外，休闲体育服务体系还可以通过虚拟现实等新兴技术，吸引年轻人参与体育活动，避免其过度沉迷电子产品，预防视力下降。

对于中老年人群，休闲体育服务体系可以提供一系列低强度、能够长期坚持的运动项目，如打太极、跳瑜伽等。这些运动既能提高他们的身体活力，增强关节的灵活性，也能帮助他们放松心情，降低患心血管疾病的风险。此外，休闲体育服务体系还可通过开设健康讲座提高中老年人的健康素养，帮助他们更好地管理自己的身体。

休闲体育服务体系还需要关注和服务于特殊群体，如残疾人、孕妇等。通过设计专门的运动项目和设施，如无障碍设施、孕妇瑜伽等，使他们也能享受到运动的乐趣和好处，提高生活的质量和幸福感。

总之，优化休闲体育服务体系，可以使更多的人享受到运动的好处，提高社会整体的健康水平。

（二）心理健康在社会健康中起到关键作用

休闲体育服务通过提供一种健康、积极的压力释放方式，帮助人们应对生活中的压力和困扰，从而促进心理健康。通过参与体育活动，人们可以释放内啡肽等化学物质，带来愉快的感觉，进而改善心理状态。此外，休闲体育活动还有助于社交，可以使人们在团队活动中找到归属感，建立友谊，从而提升他们的幸福感。

（三）社区健康是社会健康的重要组成部分

通过举办各种体育活动，休闲体育服务体系可以提升社区的凝聚力，激发社区活力。例如，举办社区运动会，可以增强邻里间的联系，凝聚社区的力量。同时，体育活动也可以作为传播知识的平台，提高公众的健康意识，推广健康的生活方式。

（四）促进社会健康的措施

休闲体育服务体系不仅提供了一种健康的活动方式，还承担着重要的教育职能。它通过组织各类健康教育课程和活动，向公众传播健康知识，提高公众对健康问题的认识，引导公众形成健康的生活习惯。

首先，休闲体育服务体系可以通过提供健康教育课程，系统地传播健康知识。这些课程可以涵盖各种主题，如健康饮食、有效运动、疾病预防等，为公众提供科学、全面、实用的健康信息。例如，运动教练可以在指导运动的同时，教授公众避免运动伤害的方法；营养师可以通过讲座或者研讨会，向公众普及营养知识，使其养成健康的饮食习惯。

其次，休闲体育服务体系可以通过举办各类健康活动，增强公众的健康意识。例如，举办公益跑步活动，不仅可以激发公众的运动热情，还可以宣传运动对于健康的重要性。

最后，休闲体育服务体系还可以通过提供个性化的健康指导服务，帮助公众养成健康的生活习惯。例如，健康教练可以根据公众的健康状况和目标，制订个性化的健康计划，提供健康咨询和指导，帮助他们改变不良的生活习惯，形成健康的生活方式。

综上所述，休闲体育服务体系通过提供健康教育课程和活动，可以有效地提升公众的健康意识和行动力，提高社会的健康水平。

三、增强用户好感

增强用户好感是休闲体育服务体系优化的重要目标，因为这可以帮助服务提供者建立与用户的长期关系，提高用户的忠诚度，从而提高服务的稳定性和可持续性。

用户好感的增强来自多个方面，包括服务的质量、设施的舒适度、员工的友善度以及服务的个性化程度等。

（一）服务的质量是影响用户好感的关键因素

对服务质量的进一步理解涉及多个层面，包括技术质量和功能质量。技术质量指的是服务的硬性规定和标准，如教练的专业能力和证书，运动设备的质量和适用性，以及服务设施的安全性和舒适性。这些因素对于用户好感有直接的影响。然而，除了这些可量化的标准，服务的功能质量也十分重要。其包括服务的及时性，员工的响应速度，以及服务的个性化水平。例如，如果用户有突发的需求或问题，服务提供者能否快速有效地响应，服务提供者能否提供符合用户个性化需求的服务？这些都是影响用户好感的关键因素。

服务的可靠性也是决定用户好感的重要指标。这意味着服务提供者必须履行其承诺，保证服务的稳定性和连续性。无论是设施的维护，还是预约的准时，都应保证最低的服务中断，以维持用户的信任度。服务的透明度也是影响用户好感的重要因素。服务提供者应该提供完整、明确的价格和服务信息，让用户可以清楚地知道他们所付出的每一分钱都用在了哪里。这样可以增强用户的信任感，提高他们的满意度。

（二）设施的舒适度和环境的优雅度对用户好感产生重要影响

优质的体育设施和优雅的环境不仅直接关系到用户的舒适度，还影响用户对休闲体育服务的整体印象和好感度。例如，设施的洁净度和舒适度都会影响用户的使用体验。如果这些基础设施维护得当，用户就有可能在活动结束后感到满意和愉快，从而产生持久的好感。

环境的优雅度也是影响用户好感的重要因素。这可能涉及运动场所的装饰和布局，如有良好视野的运动区域，装饰艺术感强的休息区和散步道，以及恰到好处的照明等。这些环境因素会营造一种愉悦的氛围，使人们在参加体育活动时感到放松，进一步提升他们对服务的好感。而且，优雅的环境还能反映出服务提供者的专业性和对用户体验的尊重，这将大大提升用户的信任感和满意度。因此，服务提供者应该投入足够的资源来改善设施和环境，以提升用户的使用体验和好感度。

（三）员工的友善度和专业性是影响用户好感的重要因素

员工的友善度和专业性是用户在阐述其服务体验时所关注的重要因素。员工不仅是服务的提供者，还是公司的形象代表。他们的态度和行为直接影响着用户的感受和对休闲体育服务的好感度。

友善、热情的员工可以让用户感到舒适，使他们在享受服务时感到愉快。他们能以体贴的服务让每个用户都感到自己倍受重视。例如，他们可以记住常客的姓名和喜好，主动关心用户的需要和反馈，及时处理用户的问题和投诉，以此来提升用户的满意度。专业的员工也是影响用户好感的关键因素。他们有深厚的专业知识，可以提供高质量的服务，满足用户的各种需求。例如，专业的健身教练可以提供个性化的健身指导和计划，帮助用户达到他们的健身目标；专业的前台工作人员可以快速有效地处理预约和付款等事务，使用户的等待时间缩短。

因此，服务提供者应该对员工进行定期的培训和考核，以保证他们具有足够的友善度和专业性。同时，也应该对员工的表现给予适当的反馈和激励，使他们保持积极态度和高效表现。

（四）个性化服务是影响用户好感的重要因素

个性化服务已经成为现代服务业的标配，休闲体育服务领域的这一特点尤为突出。用户的需求和期待多种多样，对服务的要求也各不相同，因此，为他们提供个性化的服务就显得至关重要。

个性化服务可以直接满足用户的具体需求。无论是特殊的健身目标，还是个人的兴趣爱好，如果服务能够考虑到并满足这些个性化需求，用户自然会对其产生好感。例如，提供定制化的健身计划，提供有针对性的营养建议，甚至是提供个性化的健身餐饮，都可以增强用户的好感。个性化服务还可以让用户感到自己倍受重视。当服务提供者了解并记住用户的个人信息，如他们的名字、喜好或生日，然后在服务中考虑到这些因素，用户会感到被重视和关心，这也会增强他们对服务的好感。

第三节　休闲体育服务体系优化的原则

休闲体育服务体系优化的原则如图 3-3 所示。

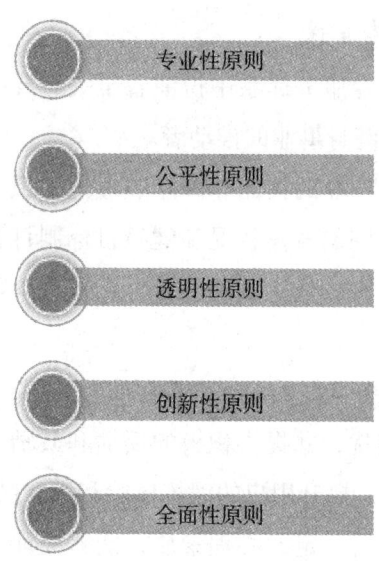

专业性原则

公平性原则

透明性原则

创新性原则

全面性原则

图3-3　休闲体育服务体系优化的原则

一、专业性原则

休闲体育服务体系优化的专业性原则强调了服务提供者在所有方面都应展现出专业精神，从提供最高品质的设施和设备，到拥有深厚技术知识和良好沟通能力的教练员，再到科学有效的运动指导。这是提供高品质服务，满足用户需求，保障其安全，以及提升其满意度的关键。

（一）体育设施和设备的专业性

体育设施和设备的专业性是保障休闲体育服务质量的首要因素。它们必须由专业的制造商制造，制造商在制造过程中应遵循严格的安全和性能标准。设备的购买、安装和维护都应该由训练有素的专业人员负责，以保证设备始终处于最佳状态。

总的来说，体育设施和设备的专业性不仅可以提升用户的健身体验，还可以通过降低受伤风险，提高用户对休闲体育服务的满意度。

（二）教练员的专业性

教练员在休闲体育服务体系中扮演着至关重要的角色。他们不仅是技术指导者，而且是健身事业的推动者。

教练员需要具备专业的技能和深厚的理论知识。他们应当了解各种运动技巧，能根据不同的身体状况和健身目标制订合适的锻炼计划。这不仅可以帮助用户更有效地达到健身目标，还可以降低运动过程中的安全风险。

教练员也需要具备良好的沟通和人际交往能力。他们应当善于倾听，了解用户的需求和困扰，并提供积极的反馈和鼓励。这可以帮助他们建立与用户的信任关系，提升用户的锻炼体验和满意度。

教练员还需要具备一定的心理素质，能够处理突发事件，保持专业的态度。总的来说，教练员的专业性直接影响了休闲体育服务的质量和用户的满意度，是优化休闲体育服务体系的重要环节。

（三）运动指导的专业性

运动指导是休闲体育服务体系中的重要环节，其专业性对于用户健身效果和满意度具有直接影响。

科学的运动计划是专业运动指导的基础。运动指导员需要根据每个用户的具体情况（年龄、性别、体质、健康状况等）和健身目标，制订个性化的运动计划。这需要运动指导员具备丰富的专业知识和实践经验，能够综合考虑多种因素，制订适合用户的运动计划。

教授正确的运动技巧也是运动指导员的重要职责。运动指导员需要确保用户在执行运动计划时，能够正确地使用运动设备，采取正确的姿势和技巧，这不仅能够帮助用户有效地提升体质，而且能防止运动伤害。此外，运动指导员还应提供营养方面的建议。运动和营养是相辅相成的，运动指导员需要了解营养学的基本原理，能够为用户提供合理的饮食建议，帮助他们在保证健身效果的同时，保持良好的饮食习惯。

总的来说，运动指导的专业性直接影响了休闲体育服务的质量和效果，是休闲体育服务体系优化中的重要环节。

二、公平性原则

公平性原则是休闲体育服务体系优化中的一个核心原则，它强调在提供服务的过程中，需要确保所有的用户都能享受到公平、公正的待遇。这不仅包括对所有用户提供同等的服务，还包括根据每个用户的具体需求和情况，进行服务调整和优化。

（一）服务的公平性

服务公平性在休闲体育服务体系中占据了核心位置，它涵盖了多种元素，包括设施的使用、活动的参与以及教练员的指导等。对公平性的追求源自对用户权益的尊重和对服务质量的维护。

1.服务的公平性要求所有用户能够公平地使用体育设施和设备

无论用户的身体状况如何，或他们是否具备特定的运动技能，他们都应该有设施的使用权。

2.服务的公平性涉及体育活动的组织

所有用户，无论他们的年龄、性别，甚至社会经济地位如何，都应有机会参与到活动中来。这就需要体育中心举办各种类型的活动，满足不同群体的需求，并提供一定的支持，如为老年人开设太极班，或为低收入人群提供免费的参与机会。

3.服务的公平性涉及教练员的指导

每个用户都应该有机会受到教练员的指导和帮助，以提高他们的运动技能和健康水平。

总的来说，服务公平性原则旨在创建无歧视的环境，让每个用户都能享受到高质量的服务，享有平等的使用权和参与权。这不仅能提升用户的满意度，还有助于提高休闲体育服务体系的社会价值。

（二）价格的公平性

价格公平性在休闲体育服务体系中十分重要。价格的公平性意味着所有的用户，无论他们的经济状况如何，都能以同等价格享受同等的休闲体育服务。这种公平性的追求确保了休闲体育服务对用户的包容性。

公平的价格体系意味着对体育场所各项服务进行合理的定价。这可能涉及体育设施的使用费、教练服务费、参与体育活动的费用等。在定价时，服务提供者需要考虑到多种因素，如设施的维护成本、教练员的薪酬、活动的组织成本等，同时要考虑到用户的支付能力，以确保价格的公平性。

公平的价格体系也需要提供某种形式的优惠措施，如为学生、老年人或低收入家庭提供优惠措施。这种优惠措施能使更多的人有机会享受到休闲体育服务，从而提升休闲服务体系的社会效益。公平的价格体系还需要保持透明。这意味着服务提供者需要公开服务价格和费用结构，让用户了解他们所支付的费用用在了哪些方面，以及他们可以享受到哪些服务。这种透明度可以增强用户的信任度，也有助于提升服务的公平性。

总的来说，价格公平性原则旨在通过提供公平、合理的价格体系，使所有的用户都能够享受到服务，从而提升休闲服务体系的包容性和社会效益。这一原则不仅是经济公平性的体现，还是社会公平性的体现。

（三）机会的公平性

机会的公平性在休闲体育服务体系中十分重要。这意味着所有人，不论他们的年龄、性别、身体状况或经济状况如何，都应该有平等的机会参与并享受休闲体育服务。这不仅能确保每个人都有提高生活质量和健康水平的机会，而且能提高社区的包容性和多元性。

为了保证机会的公平性，服务提供者需要提供各种形式的服务，以满足不同人群的需求。这样可以保证所有人都有机会找到适合自己的活动，从而享受到休闲体育服务。

服务提供者还需要做出一些调整，以满足特定群体的需求。例如，为了照顾到有工作的成年人，服务提供者可以延长服务时间，使他们在工作之余也有机会参与体育活动；为了照顾到老年人或身体有障碍的人，服务提供者可以提供特别的设施和教练服务，以满足他们的特殊需求。此外，服务提供者还可以通过开展特别的活动和项目，来进一步提升机会的公平性。例如，服务提供者可以定期举办公开的体育活动，使所有人都有机会参与；可以设立专项资金，帮助经济困难的人参与体育活动。

总之，机会的公平性原则需要服务提供者以开放、包容的态度提供多元化的服务，以满足所有人的需求。这一原则不仅能保证每个人都有享受休闲体育服务的机会，而且能增强社区的凝聚力，促进社区的和谐和进步。

（四）反馈的公平性

反馈的公平性在休闲体育服务体系中十分重要。服务提供者需要公正地处理所有用户的反馈，无论这些反馈是正面的还是负面的，都应视为提升服务质量的宝贵资源。公正处理反馈不仅可以提高服务质量，还能增强用户的满意度和信任度，从而提升服务的整体效果。

服务提供者需要设立一个开放、透明的反馈机制，让所有用户都有机会表达他们的意见和建议。其包括在线反馈系统、客户服务热线、意见箱等各种形式。这样可以确保所有用户都有机会提供反馈，而且能够确保他们的反馈被听到。

服务提供者需要积极、公正地处理每一条反馈。例如，如果用户对设施或服务提出投诉，服务提供者需要及时调查，找出问题的根源，然后采取相应的改进措施。对于用户的建议或意见，服务提供者也需要认真考虑，看看是否可以采纳并应用到服务的改进中。此外，服务提供者还需要定期向用户反馈他们的反馈处理情况，让用户知道他们的反馈被重视，他们的意见有价值。其内容可以通过电子邮件、社交媒体、公告板等呈现出来。

三、透明性原则

透明性原则是休闲体育服务体系优化的重要原则之一。其要求服务提供者对外公开服务的各个方面，包括服务的内容、价格、规则、用户反馈处理情况等。透明性原则有助于建立和保持用户的信任，提高服务的公信力，促进服务的公平和公正。它也是实现高效、高质量服务的关键因素，因为只有当用户充分了解服务的内容和运行方式，他们才能有效地利用服务，从而达到他们的健身目标。

透明性原则也要求服务提供者对内公开，即需要向员工公开服务的运行状况、目标等，以促进员工的参与和协作，提高服务的效率和效果。总的来说，透明性原则要求服务提供者公开、透明地运行服务，以增强用户和员工的信任，提高服务的公信力和效果。

（一）服务内容的透明性

服务内容的透明性体现在提供全面、详尽的信息上。这包括但不限于具体的服务项目、服务的内容和范围、服务过程中可能出现的问题以及解决方案等。这种信息的公开可以帮助用户在选择服务前进行全面的了解，避免出现由于信息不对等导致的误解和矛盾。

服务的内容、范围、进程以及费用等关键信息，不仅要在服务前与客户明确，还需要在服务过程中不断进行更新，确保服务的透明性。在服务过程中，如果出现了变故或者需要做出调整，也要及时告知用户，充分尊重用户的知情权和选择权。

服务提供者应确保在向客户提供服务的过程中，保持与客户的沟通畅通，随时收集并回应客户的疑问，确保客户对服务有全面、准确的了解。为了保障服务内容的透明性，服务提供者应定期对服务内容进行审查和更新，确保服务信息的时效性和准确性，也可以借此机会收集和整理用户的反馈，不断提升服务的质量和效率。

综上所述，服务内容的透明性是服务提供者向用户提供高质量、个性化服务的重要前提，也是建立和保持良好服务关系的基础。通过提供透明的服务内容，服务提供者不仅能满足用户的需求，提升用户满意度，还能提升自身的信誉和竞争力，实现持续、稳定的发展。

（二）价格的透明性

建立透明的价格机制是增强用户信任、提升用户满意度的重要手段。这要求服务提供者在定价时要充分考虑公平性，避免因价格过高或价格波动大而引起用户的不满。定价还需要考虑市场条件、服务成本、竞争状况等因素，以确保价格的合理性。

服务提供者需要提供清晰、明确的价格信息，让用户能够了解到他们所要支付的是什么，为什么要支付，以及如何支付。例如，服务提供者可以通过网站、手册、服务窗口等公开其服务价格，包括基本服务费、附加服务费、杂费等，并对这些费用进行详细的解释和说明。

如果服务价格需要调整，也需要提前告知用户，避免用户因价格变动而产生困扰。在有条件的情况下，服务提供者还可以提供估价工具，帮助用户预估他们可能需要支付的费用。此外，为了确保价格的透明性，服务提供者还需要设立有效的反馈机制，接受并处理用户对价格的疑问和投诉，不断优化其价格体系。

总的来说，价格的透明性是休闲体育服务优化的重要一环，通过提供透明的价格，可以提升用户的购买意愿，增强服务的竞争力，增强服务提供者与用户的信任关系，为服务提供者提供更好的服务创造有利条件。

（三）反馈处理的透明性

在休闲体育服务体系的优化过程中，公开、公正地处理和回应用户反馈是非常重要的，这不仅可以提升服务质量，还能够增强用户的满意度和忠诚度。为此，服务提供者需要建立一套透明的反馈处理机制。

首先，服务提供者需要设立专门的反馈接收渠道，如反馈邮箱、热线电话、线上反馈表单等，让用户可以方便地提交他们的建议、问题或投诉。

其次，服务提供者需要设定明确的反馈处理流程，其包括接收反馈、分析问题、制定解决方案、实施改进、回应用户等步骤。这个流程应该在相关人员收到反馈后立即启动，以确保问题能够及时得到处理。

最后，服务提供者需要设立公正的反馈处理标准，以确保所有的反馈都能得到公正、公平的处理。例如，对于投诉，需要设立专门的调查机制，以查明事实真相，然后根据情况给予相应的处理；对于建议，需要评估其可行性和价值，然后决定是否采纳。在处理反馈的过程中，服务提供者还需要定期向用户回报处理进度，让用户知道他们的反馈被重视，问题正在被解决。

总的来说，透明的反馈处理机制可以让用户感到他们的反馈被听到或看到，他们的问题得到了重视，从而提升他们对服务的满意度和忠诚度。同时，通过有效处理用户反馈，服务提供者也能得到改进服务的宝贵机会，从而提升服务质量，提高服务效益。

四、创新性原则

创新性原则是休闲体育服务体系优化的一个重要原则。随着科技的发展和社会需求的变化，服务提供者需要不断地更新他们的服务内容、方式和技术，以适应变化的环境，满足用户的新需求，提升服务的竞争力。这不仅包括引入新的运动项目、设备和技术，提供更多样化、个性化的服务，还包括通过优化服务流程、提升服务效率、提高服务质量等方式，提升服务的效果和价值。

创新需要建立在对用户需求了解和尊重基础之上，确保创新能够带来真正的价值，提升用户的满意度和忠诚度。这是一个需要持续努力、不断试错、勇于改革的过程，但它的回报也是巨大的，可以让服务保持活力，提升用户体验，提高服务的吸引力和影响力。

（一）服务内容和方式的创新

服务内容和方式的创新，使得休闲体育服务始终保持新鲜感和活力，从而吸引和留住更多用户。例如，随着科技的发展，可以利用先进的科技工具，如虚拟现实和增强现实技术，来提供虚拟运动体验，如虚拟攀岩、虚拟游泳等，让用户在享受运动乐趣的同时，避免了真实运动中可能存在的风险和困难。

引入新的运动项目和课程，不仅可以丰富用户的选择，满足他们多元化的运动需求，还可以引导他们接触和尝试新的运动方式，增强他们的运动兴趣和动力。例如，引入一些新兴的、独特的运动项目，如空中瑜伽、动感单车等，其可以提供不同于传统健身课程的新体验，满足用户追求新奇、个性化的需求。

提供新的服务方式，如线上服务、一对一定制服务、家庭式服务等，可以提升服务的便利性和个性化程度，满足不同用户的特殊需求。例如，线上服务可以让用户在任何地方、任何时间都可以享受服务，打破了空间和时间的限制；一对一定制服务可以根据用户的个人情况，提供个性化的运动计划和指导，提高服务的效果和用户的满意度；家庭式服务则可以让用户在家庭的舒适环境中进行运动，增强服务的亲切感和舒适感。

（二）技术和设备的创新

服务提供者要在创新性原则的引导下，进行技术和设备的创新。技术和设备的创新是提升休闲体育服务质量和效果的重要途径。例如，人工智能（AI）可以模拟专业教练的知识和技能，为用户提供科学、个性化的运动指导，帮助他们更有效地达到健身目标。AI可以通过分析用户的体能数据和健身记录，推荐适合用户的运动项目和强度，甚至可以通过实时反馈来调整运动计划，确保用户的运动效果和安全。此外，AI 也可以用于服务管理和决策。例如，AI 可以通过数据分析帮助服务提供者了解用户的行为和需求，评估服务的效果和用户的满意度，从而帮助他们优化服务内容和方式，提升服务质量。

虚拟现实（VR）和增强现实（AR）技术则可以提供沉浸式的运动体验，增强运动的互动性和趣味性。例如，VR 健身可以模拟真实的运动环境和场景，让用户在享受运动乐趣的同时，也可以体验到攀登山峰、潜入海底等特殊体验，满足他们追求新奇、刺激的需求。AR 技术则可以将虚拟元素融入真实环境中，如通过 AR 眼镜进行导航，提升户外运动的便利性和安全性。

智能设备也是休闲体育服务创新的重要工具。例如，智能运动手环和运动鞋等可以实时监测用户的运动状态和健康数据，如心率、步数、消耗的热量等，帮助用户了解他们的运动效果和身体状况，方便他们调整运动计划。智能健身设备，如智能跑步机、智能哑铃等，则可以提供更人性化、智能化的运动体验，如自动调整运动强度和难度，提供多元化的运动模式等，满足用户多元化、个性化的运动需求。

在创新性原则之下，技术和设备的创新不仅可以提升休闲体育服务的质量和效果，还可以提升休闲体育服务的效率和便利性，如通过在线预约和支付，提升服务的可达性和便利性；通过数据管理和分析，优化服务的管理和决策，提升服务的效率和效果。总的来说，技术和设备的创新是休闲体育服务提升用户满意度、忠诚度和竞争优势的重要手段，是创新性原则的重要体现。

（三）服务流程和质量的创新

服务提供者要在创新性原则的指导下优化服务流程，并提升服务质量。

创新性原则至关重要。在服务流程上，为用户提供更便捷、高效的体验是一个关键的创新点。一方面，服务提供者可以通过数字化平台优化预约、咨询、付款等流程，降低用户享受服务的门槛，提高用户满意度。另一方面，服务提供者可以借助新技术，如人工智能和大数据等技术，对用户反馈和行为数据进行分析，发现服务中的问题和改进点，从而更好地优化服务流程，提升服务质量。对于服务质量的提升，服务提供者一方面可以进一步提升服务的专业性，如进一步提升教练的专业素质，引入更先进的设备和设施，提供更科学、专业的运动指导，以提高服务的效果和价值。另一方面，服务提供者可以提高服务的个性化程度，如根据用户的身体状况和健身目标，提供个性化的运动计划和指导，以满足用户的个性化需求，提升用户的满意度。

（四）以用户为中心的创新

服务提供者要在创新性原则的指导下，以用户为中心，以用户需求为导向，以用户体验为目标，从而进行创新。例如，根据用户的行为数据和反馈，服务提供者可以发现新的运动趋势，引入新的运动项目和课程，提供更多元化、个性化的服务，以满足用户的新需求。

用户反馈是服务提供者改进服务的重要依据，服务提供者需要尊重和倾听用户的反馈和建议，将它们纳入考虑范围之中。例如，对于用户反馈的问题和建议，服务提供者可以进行深入的分析和研究，找出解决方案，通过有效的方式来改进服务，提升服务质量。

同时，创新的过程和结果也需要透明化，让用户可以了解和参与创新的过程，感受到服务的改进。例如，服务提供者可以通过社交媒体、网站等平台，公开分享创新的过程和成果，接受用户的监督和评价，这不仅可以提升服务的透明度和用户的信任度，还可以进一步了解用户的需求和反馈，为后续的创新提供更多的灵感和方向。

总的来说，以用户为中心的创新原则强调的是创新的方向和目标，它要求服务提供者始终关注和满足用户的需求，通过创新提升用户的满意度和忠诚度。在这个过程中，用户的反馈和参与，透明的创新过程和结果，都是必不可少的部分。

五、全面性原则

全面性原则是休闲体育服务体系优化的重要指导原则之一，它强调休闲体育服务体系应涵盖所有关于服务的内容，以满足用户群体多样性的需求。全面性原则要求服务提供者在考虑和设计服务时，必须考虑到所有的细节和方面，确保服务能够全面覆盖并满足用户的需求。这不仅有助于提升服务的吸引力和用户满意度，还是提升服务价值的重要途径。

（一）服务种类的全面性

服务种类的全面性原则要求休闲体育服务提供者在服务设计上顾及各种各样的用户需求。例说，全面的健身服务可能会提供不同类型的健身课程，包括有氧运动课程，力量训练课程，灵活性训练课程，以及专门针对老年人或孕妇的健身课程等。全面性的服务还包括提供不同程度的训练，满足各种技能等级的用户。这样的全面性服务设计可以让所有的用户都找到适合自己的健身服务，从而提高服务的使用率和用户满意度。

（二）服务质量的全面性

服务质量的全面性即服务提供者应注意服务过程中每一个环节的质量。从用户进入服务场所的那一刻起，每一项设施，每一件设备，都应该是高质量的。这涉及设备的清洁、保养和升级，设施的维护和改进，以及教练的专业培训和素质提升。

设备的安全性和功能性是服务质量的基础，无论是简单的瑜伽垫，还是复杂的健身器械，都应该保证在使用过程中的安全性，以及满足用户需求的功能性。教练的专业素质和服务态度也极其关键，他们需要有足够的知识和技能来指导用户正确地进行运动，也需要有一定的热情和耐心来鼓励用户。无论是现场指导，还是网络咨询，教练都应提供准确、及时、实用的指导和建议。

客服的友好态度和有效沟通也是服务质量的重要组成部分，他们是用户与服务提供者之间的主要联系渠道，他们的工作态度和效率直接影响用户的满意度和忠诚度。无论是解答疑问、处理投诉，还是提供信息，客服都应该保持良好态度。可以说，服务质量的全面性不仅可以提高用户的满意度，还可以提升服务提供者的品牌形象和市场竞争力。

（三）服务价值的全面性

服务价值的全面性原则强调了服务应提供多元化和全方位的价值，以满足用户多样化的需求，提升他们的生活质量。服务价值主要包括体育价值、健康价值、社交价值、娱乐价值，甚至是教育价值、心理价值等。

体育价值体现在通过科学的运动计划和指导，帮助用户提升体质、增强体力等。例如，服务提供者可以提供各种各样的运动项目和课程，如有氧运动、力量训练、柔韧性训练、球类运动等，以帮助用户全面提升体质。

健康价值体现在通过运动和健康咨询，帮助用户预防疾病，改善健康状况，提升生活质量。例如，服务提供者可以提供健康评估、健康教育、健康咨询等服务，帮助用户了解和改善他们的健康状况。

社交价值体现在通过团队活动和社交空间，帮助用户建立和扩大他们的社交网络，增加生活的乐趣和满足感。例如，服务提供者可以提供团队运动、比赛活动、社区活动等，使人们获得社交的机会和空间。

娱乐价值体现在通过有趣和富有挑战性的活动，提升用户的运动乐趣和满足感。例如，服务提供者可以提供游戏式的运动项目、户外探险、运动旅行等，使用户获得丰富和有趣的运动体验。

（四）服务关怀的全面性

服务关怀的全面性原则所强调的是在提供服务的过程中，应全面关注和满足用户的需求，创造温馨、友好的服务环境，以提升用户的满意度和忠诚度。服务提供者要对身体需求、心理需求、社会需求同等关注，兼顾并重。

关于身体需求。这要求服务提供者必须提供安全、舒适、专业的体育设施和环境，满足用户进行运动的基本需求。例如，对于有特殊需求的用户，如老年人、孕妇、残障人士等，服务提供者需要提供特殊的设施、设备和教练，以满足他们的特殊需求，确保他们能安全、舒适地进行运动。

关于心理需求。休闲体育服务不仅仅是一种物质服务，更是一种心理服务，它能给用户带来积极的心理体验。服务提供者需要提供友好、包容、积极的服务环境，尊重和了解每个用户，满足他们的心理需求。例如，服务提供者可以通过提供积极的反馈、鼓励的话语、个性化的关怀，帮助用户建立自信，使其享受运动的乐趣。

关于社会需求。休闲体育服务可以作为一个社交平台，帮助用户建立和扩大他们的社交网络，满足他们的社会需求。例如，服务提供者可以通过组织各种社交活动，如团队运动、比赛活动、社区活动等，为用户提供社交的机会和空间。

总的来看，服务关怀要始终秉持全面性原则，以实现身体需求、心理需求、社会需求。这是休闲体育服务体系的核心价值所在，也是其持续优化和发展的动力。

第四节　休闲体育服务体系优化的要素

休闲体育服务体系优化的要素如图 3-4 所示。

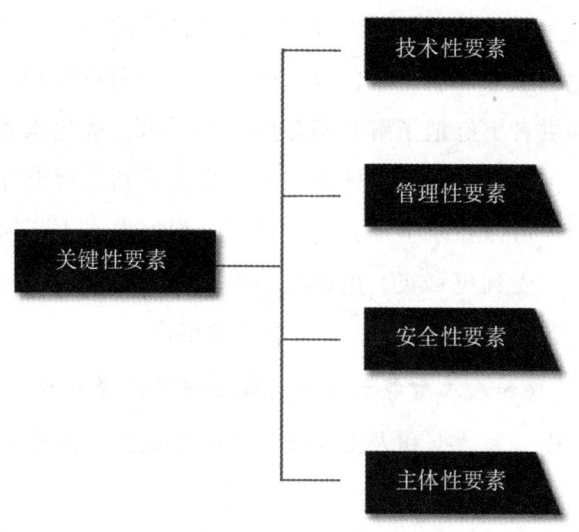

图3-4 休闲体育服务体系优化的要素

一、技术性要素

现代科技，如互联网、大数据、人工智能等，正在对休闲体育服务体系产生深远影响，它们已经成为休闲体育服务体系优化过程中的重要技术性要素。

（一）互联网和移动设备已经大大改变了服务的提供方式

21世纪，互联网和移动设备正在全面改变人们的生活方式，如人们参与和享受休闲体育服务的方式。

通过在线预订系统、移动应用、虚拟现实等技术，用户可以随时随地享受到便捷的休闲体育服务。例如，在线预订系统大大提高了服务的便利性和效率。用户只需要几次点击就能预订他们想要的服务，节省了大量的时间和精力。这种预订方式不仅方便了用户，还方便了服务提供者，使他们能够更有效地管理资源、预测需求、优化服务。移动应用为用户提供了更个性化、互动化的服务体验。通过移动应用，服务提供者可以推送定制的服务信息，提供实时的指导和反馈。用户可以根据自己的需求和进度，调整自己的运动计划，分享自己的成果和体验。这种互动性和个性化的服务体验，不仅可以提升用户的满意度和忠诚度，还可以帮助服务提供者更好地了解和满足用户的需求，优化服务。而虚拟现实等新兴技术为休闲体育服务体系的优化带来了新的可能性。通过虚拟现实技术，用户可以在家中体验高山滑雪、深海潜水等高风险或高成本的体育活动，享受到更真实、更刺激的体验。服务提供者可以通过虚拟现实技术提供更多元化的服务，吸引更多的用户。

（二）大数据和人工智能已经成为提高服务质量和效率的重要工具

在信息时代，大数据和人工智能技术已经成为提高休闲体育服务质量和效率的关键性要素。

大数据技术通过收集、存储、处理和分析大量的用户数据，为服务提供者提供了深入了解和满足用户需求的可能性。人工智能技术，如机器学习和深度学习，可以通过分析用户的行为和反馈，帮助服务提供者更准确地预测用户的需求，更精准地制定服务策略。具体内容如下。一方面，大数据和人工智能技术可以帮助服务提供者更深入地了解用户。传统的用户调查和分析方法往往局限于一小部分用户，无法全面、准确地把握用户的需求和变化。而大数据和人工智能技术可以实时收集和分析所有用户的行为数据，如预订记录、使用频率、使用时间、偏好设置等，从而提供更全面、更精准的用户画像，帮助服务提供者更好地了解和预测用户的需求。另一方面，大数据和人工智能技术可以提供更个性化的服务。通过分析用户的行为数据，服务提供者可以为每个用户提供定制化服务，如个性化的运动计划、健康建议、活动推荐等。这种个性化的服务不仅可以提升用户的满意度和忠诚度，还可以提高服务资源的使用率和服务效率。另外，大数据和人工智能技术也可以提升服务的质量和效果。例如，通过智能健身设备收集的用户健康数据，可以提供更科学、更精准的健身指导；通过数据分析，可以更及时有效地发现和解决服务问题，提升服务质量；通过预测算法，可以更准确地预测服务需求，优化服务供应，减少资源浪费。

二、管理性要素

管理性要素对于休闲体育服务体系的优化至关重要。强大的管理能力，包括战略规划、组织协调、质量控制、问题解决等，可以帮助服务提供者有效地管理资源，提高服务质量和效率，保证服务的稳定性和持续性。

战略规划是管理性要素的基础。服务提供者需要根据市场环境、用户需求、资源条件等因素，制定清晰的服务目标和策略，明确服务的方向和路径。战略规划不仅需要全面分析当前的情况，还需要预见未来的变化，具有长远的视角和前瞻性思维。战略规划更需要定期审视和调整，以适应不断变化的环境和需求。

组织协调是管理性要素的关键。服务提供者需要有效地组织和协调各方资源，包括人力资源、物质资源、信息资源等，确保服务的顺利进行。组织协调不仅需要良好的沟通和合作，还需要高效的流程和制度，以避免冲突和误解，提高效率和效果。组织协调更需要灵活和创新，以应对各种挑战和变化。

质量控制是管理性要素的保障。服务提供者需要建立和执行严格的质量标准和检查制度，保证服务的质量和安全。质量控制不仅需要详细的规定和标准，还需要持续的监控和改进，以便发现问题，提升质量。质量控制更需要公开透明，以赢得用户的信任。

三、安全性要素

安全性要素在优化休闲体育服务体系的过程中起到了至关重要的作用。无论是为了保护用户的身体安全，还是为了保护用户的个人信息，都应尽力确保服务过程中的各个环节都有充分的安全保障措施。

设施设备的安全性至关重要。所有的体育设施和设备都必须经过严格的安全检查和维护，以防止安全事故发生。同时，服务提供者也需要定期更新和升级设备，以提高设施设备的安全性。此外，还要为用户提供必要的安全培训和指导，确保他们在使用设施和设备时能够知道如何规避风险。

用户个人信息的安全性也是需要人们引起重视的。在现代的休闲体育服务中，服务提供者往往需要收集大量的用户信息，包括他们的健康数据、联系方式、支付信息等。这就需要服务提供者采用强大的信息安全技术，包括信息加密、防火墙、访问控制等，来保护用户信息不被泄露或滥用。同时，服务提供者也需要遵循相关的法律法规，确保他们在收集和使用用户信息时能够尊重用户的隐私权。

服务提供者还需要制定和执行严格的安全规定和程序。这包括制定清晰的安全规定，提供充足的安全资源，培训员工了解和遵守安全规定，以及建立有效的安全检查和应急响应机制。只有这样，才能真正建立起安全、可靠的休闲体育服务体系。

总的来说，安全性要素是休闲体育服务体系优化的重要方向。只有服务提供者能够在所有环节中都保障用户的安全，才能真正赢得用户的信任，提高服务的质量和效果。

四、主体性要素

主体性要素强调的是服务提供者应当围绕用户的需求、期望和满意度来休闲体育优化服务体系。这一要素的核心理念是"以用户为中心"，它认为用户是休闲体育服务的核心，是评价服务质量和效果的最终依据。因此，深入了解和尊重用户的需求，以及在服务规划和优化过程中将用户的满意度作为首要目标，是优化休闲体育服务体系的关键。深入了解用户的需求是主体性要素的基础。这需要服务提供者通过各种方式，如市场调研、用户反馈、数据分析等，来了解用户的具体需求。这些需求可能涉及运动项目的种类、课程内容、服务方式、时间地点等具体因素，也可能涉及舒适度、友好度、乐趣度等用户体验方面的抽象因素。只有真正了解了用户的需求，服务提供者才能提供真正满足用户需求的服务。尊重用户的需求是主体性要素的要求。这意味着服务提供者需要根据用户的需求来规划和优化服务，而不是仅仅按照自己的想法或者行业的常规来提供服务。例如，如果用户需要更多的个性化服务，服务提供者就应该尝试提供更多的个性化服务；如果用户更喜欢在线服务，服务提供者就应该尽可能地提供在线预订、在线指导等服务。将用户满意度作为首要目标，是主体性要素的追求。这要求服务提供者在提供服务的过程中，始终以提高用户满意度为目标，以用户的满意度为衡量服务质量和效果的最终标准。这不仅包括提供优质的服务，满足用户的指导需求，还包括尽可能地超越用户的期望，提供超出预期的服务体验。

　　总的来说，主体性要素在休闲体育服务体系优化过程中起到了至关重要的作用。它将用户的需求和满意度置于服务提供的中心，引导服务提供者从用户的角度出发，提供真正优质的休闲体育服务。

第四章 休闲体育服务
体系优化的多维度分析

第一节 休闲体育服务体系优化对用户满意度的提升

在休闲体育服务领域，用户满意度是衡量服务质量和效果的关键指标，它反映了用户对服务内容、环境、设施以及体验等各个方面的总体评价。休闲体育服务体系的优化可以从多个层面全方位提高用户的满意度。而更高的用户满意度，则意味着更高的用户忠诚度，更稳定的客户群体，以及更有效的口碑推广。

一、提供定制化服务

优化后的体育服务体系通过提供定制化服务，能够更好地满足用户的特定需求，从而提高他们的满意度。这不仅能够提高用户的健身效果，提高他们的健身积极性，还能够吸引更多的新用户，增加用户的黏性，提高用户的口碑推广效果，最终为企业带来更高的收益。提供定制化服务包括以下三个方面。

（一）提供个性化的健身计划

每个人的体质、健康状况、运动目标等方面都有差异，因此他们对健身计划的需求也各不相同。一个有效的健身计划应该是量身定做的，根据每个人的具体情况，包括年龄、性别、健康状况、运动时间、经济状况、个人健身目标等来设计。优化后的休闲体育服务体系能够提供针对不同用户需求的个性化健身计划。对于初级健身者，他们的主要目标可能是提高身体素质、培养运动习惯或是进行健康管理。此时，优化后的休闲体育服务体系可以提供基础而全面的健身计划，包括全身性的有氧运动、肌肉力量训练、灵活性训练以及平衡训练等。这样的计划可以帮助初级健身者全面了解和掌握各种健身运动，并逐渐养成良好的运动习惯。而对于有特定健身目标的用户，如减肥、增肌、提高身体素质、训练某项运动技能等，他们的需求就更加明确和具体。此时，优化后的休闲体育服务体系应该根据他们的特定目标，提供有针对性的健身计划。例如，对于减肥用户，健身计划可能会侧重于高强度有氧运动以及低热量的饮食控制；对于增肌用户，则需要更多的重量训练和高蛋白饮食；对于训练某项运动技能的用户，如网球、游泳、瑜伽等，健身计划应包含相关的技能训练和有氧运动。而对于高级健身者，他们对运动的要求可能会更高，不仅仅是为了健康或者娱乐，更可能是出于对个人能力的挑战或者对某项运动的热爱。此时，优化后的休闲体育服务体系应该提供更具挑战性和专业性的健身计划，如长距离马拉松训练、铁人三项训练等。只设计出个性化的健身计划，并不能提高用户的满意度，还需要在实施过程中对计划进行适当的调整。因为人的身体状况和生活状况都会发生变化，如身体素质的提高、生活节奏的变化、工作压力的增减等，都可能对健身计划产生影响。因此，优化后的休闲体育服务体系还需要定期对用户的健身计划进行评估和调整，以保证健身计划的适应性和有效性。

（二）提供个性化的饮食建议

饮食是健身的重要组成部分，它的作用不仅体现在补充运动所消耗的能量上，更关键的是通过适当的饮食结构和营养摄取来改善体质、提升健身效果以及保证健康。因此，根据用户的身体状况、运动目标以及生活习惯等因素，提供个性化的饮食建议就显得尤为重要。在优化后的休闲体育服务体系中，为用户提供个性化的饮食建议是基于每个用户的特定需求和目标。例如，对于需要减肥的用户，他们的饮食计划需要控制总热量的摄入，并且要保证营养的全面均衡。一般来说，低热量、高蛋白、低脂肪、高纤维的饮食结构是最适合的。这是因为蛋白质能够增加饱腹感，防止人们过度饮食；低热量能够确保总热量的摄入小于消耗，从而实现减肥的目标；低脂肪和高纤维的食物则可以防止体内脂肪的积累，并促进肠胃的蠕动。对于需要增肌的用户，他们的饮食计划应该侧重于蛋白质和适量的碳水化合物。蛋白质是肌肉生长的基础，足够的蛋白质摄入可以保证肌肉的合成；碳水化合物则是运动的主要能源，可以提供训练所需的能量。除此之外，保证足够的膳食纤维和水分摄入也非常重要，这有助于保护肠胃健康和确保营养物质的吸收。只提出个性化的饮食建议，并不能提高用户的满意度，执行和调整同样重要。一方面，用户需要在日常生活中严格遵守饮食计划，休闲体育服务体系也需要提供相应的支持和指导，如提供营养配餐、健康食谱等；另一方面，饮食建议需要根据用户的体验和反馈，以及身体状况的变化进行适当的调整，以保证饮食建议的适应性和有效性。通过提供个性化的饮食建议，用户不仅可以更好地实现健身目标，提高健身效果，还可以改善饮食结构，提高生活质量。这无疑将大大提高用户对于休闲体育服务体系的满意度，从而提高用户的忠诚度，有利于休闲体育服务企业的长期发展。

（三）提供个性化的训练课程

不同的用户对健身课程的需求是各不相同的，有的人喜欢团体活动，有的人喜欢个人训练，有的人需要专业的指导。因此，优化后的休闲体育服务体系应该提供多元化和个性化的训练课程，以满足各类用户的需求。对于喜欢团体活动的用户，他们更渴望在健身中进行社交和交流。此时，优化后的休闲体育服务体系可以提供瑜伽等团体课程。这类课程不仅能让用户在健身的同时享受运动乐趣，还能让他们在此过程中交到志同道合的朋友，从而提高他们的健身积极性和满意度。对于喜欢个人训练的用户，他们更倾向于自我挑战，独自完成各种健身项目。此时，优化后的休闲体育服务体系可以提供力量训练、有氧运动、柔韧性训练等个人课程。这类课程可以让用户根据自己的节奏和能力进行训练，更具挑战性和自由度。对于需要专业指导的用户，他们可能对健身技巧和运动效果有更高的要求，或者他们在健身过程中可能需要更多的动力和鼓励。此时，优化后的休闲体育服务体系可以提供私人教练服务。私人教练可以根据用户的需求和情况，提供一对一的指导和建议，帮助他们更有效地达到健身目标。设计出多元化和个性化的训练课程后，还需要有效地实施这些课程。服务提供者要做到以下两点：一方面，要保证教练的专业性和教学质量，让用户在课程中得到真正的提升；另一方面，要根据用户的反馈和体验，不断调整和优化课程内容，以保证课程的吸引力和有效性。

二、增强用户归属感

体育活动不仅提供了保持身体健康的方式，而且成为人们社交、减压和享受生活的重要途径。对休闲体育服务体系的优化，则是提升用户满意度的关键。优化后的休闲体育服务体系会更多地关注用户需求，精细化服务，营造亲和、活跃的运动环境。其中，增强用户的归属感成为一项重要的工作。所谓归属感，就是个体对于自己所在群体的认同感、热爱感和荣誉感。在休闲体育服务体系中，增强用户的归属感，意味着要让用户感到自己是体育活动的一部分，是社区的一分子，是这个大家庭中不可或缺的一员。而要做到这一点，关键在于优化休闲体育服务体系，构建用户参与、共享和交流的平台。

体育活动是拉近居民间距离的有效途径。休闲体育服务体系在组织各种体育活动时，应尽可能地吸引更多的人参与。例如，其可以根据用户的喜好和需求，设置多元化的体育课程，如有氧运动、球类运动等；其可以根据用户的时间安排，提供多种时间段的活动，让用户可以在工作或学习之余，找到合适的时间参加体育活动；其可以根据用户的能力水平，设置不同难度的课程，让所有人都能找到适合自己的运动项目。

共享运动器械也是增强用户归属感的一种方法。在一些社区或健身房，可能会有专门的运动器械供用户使用，如跑步机、自行车、瑜伽垫等，但这些设备通常放置在一个地方，用户只能到指定的地点使用。如果能提供共享的运动器械，让用户可以在任何时间、任何地点使用，那么就可以大大提高用户的便利性，提升用户的使用体验，从而增强用户的归属感。休闲体育服务体系还应通过举办各种比赛来增强用户的归属感。比赛不仅能让用户在参与中提高自己的运动水平，而且能增强用户之间的联系，增进友谊，提高团队合作精神，从而增强用户的归属感。

此外，休闲体育服务体系还应建立一个交流平台，让用户可以交流运动经验，分享运动乐趣，建立友谊。这个平台可以是线下的活动场所，也可以是线上平台。在这个平台上，用户可以相互鼓励、相互帮助，一起解决运动中的问题，共享运动的快乐，从而增强归属感。

三、强化社区互动

在休闲体育服务体系优化中，社区互动起着至关重要的作用。社区互动不仅能够增强用户的参与感，还能够促进用户之间的互动和交流，从而提高用户满意度和忠诚度。

一方面，社区互动要提高用户对体育服务的参与度。此时的体育服务，已经超越了简单的健身设施和教练服务，更显现为一个富有活力、充满互动的社区。组织各类体育活动和比赛是构建这种社区互动的有效途径。定期进行的活动如羽毛球比赛、瑜伽课程、游泳大赛等，不仅吸引了广大用户积极参与，还在无形中增强他们对这个社区的认同感。用户在参与这些活动的过程中，会深刻感受到社区的热情和活力。每一次活动，无论是竞技还是娱乐，都会带来全新的体验，让用户在享受运动的同时，也享受到社区带来的乐趣。这种参与感和归属感，可以极大增强用户的满意度。在这个过程中，用户不仅感受到了运动的快乐，还在与其他社区成员的互动中引到了共鸣，建立起新的友谊。这种社区的力量，使他们更愿意长期使用体育服务，因为在这里，他们找到了运动的乐趣，找到了归属感，找到了共同前进的伙伴。社区互动也带来了更广阔的学习和发展空间。用户可以在各种体育活动中观察和学习其他人的技巧，取长补短，从而提升自己的运动技能。他们可以在比赛中发现自己的不足，了解自己的优势，从而有针对性地进行改进。他们可以在交流中分享自己的运动经验，听取他人的意见和建议，从而开阔视野、丰富知识。这种社区互动还有助于用户更好地调整自己的运动计划和目标。在社区的影响下，用户可能会对原本不感兴趣或不了解的运动产生兴趣，从而调整自己的运动计划，尝试新的运动项目。在与其他用户的竞技中，他们可能会发现新的挑战，从而设定更高的运动目标。

另一方面，社区互动也可以促进用户之间的交流和互动。体育活动和比赛不仅提供了一个场所让用户挑战自我，而且让他们有机会与其他用户进行比拼。这种环境使得运动不再仅仅是一个个体的行为，而变成了一个社区活动、一个集体的体验。例如，在羽毛球比赛中，用户可以尽情利用自己的运动技能赢得比赛，还可以从对手那里学习他们的运动技巧和策略。在这个过程中，他们不仅可以提升自己的运动水平，还可以建立起与其他用户的联系，增强社区认同感。这种交流和互动，无疑能够增强他们对休闲体育服务体系的满意度和忠诚度。与此同时，体育活动和比赛也为用户提供了一个相互学习和交流的平台。这种学习和交流，不仅可以提高他们的运动水平，还可以帮助他们建立起自信心，使他们在运动中取得更大的进步。这种社区互动的力量，也可以帮助用户培养团队合作精神。在一些团队运动中，如足球或篮球比赛，用户需要与队友密切合作，共同对抗对手。在这个过程中，他们可以学习如何更好地协作，如何更有效的沟通，这些技能在日常生活中也是非常重要的。

然而，要建立和维护一个活跃的社区，需要体育服务提供者采用一系列的策略和措施。首先，需要定期组织各种体育活动和比赛，为用户提供多元化的参与机会。这些活动和比赛不仅需要涵盖不同的运动项目，还需要考虑不同的用户群体，以满足他们的不同需求和喜好。其次，需要创造开放和友好的社区环境，让所有的用户都能在这里找到自己的位置，感到被接纳和尊重。这需要体育服务提供者在社区管理上进行有效的指导和干预，以防止可能出现的负面情况，如恶性竞争、排斥和歧视等。最后，还需要通过建立有效的信息传播和反馈机制，保持与用户的良好沟通，及时了解他们的需求和反馈，从而不断改进服务，提高用户满意度。

四、推动生活习惯改变

在休闲体育服务体系优化方面，要想提高用户满意度，就要推动用户改变其生活习惯，如让其定期参加体育活动。这种改变不仅对用户个人的身体健康和心理健康有益，还可以提高他们的生活质量和满意度。

生活习惯对人们的健康和幸福有着深远的影响。不良的生活习惯，如缺乏体育锻炼、久坐不动和不健康的饮食习惯，会导致肥胖、心血管疾病、糖尿病等健康问题。相反，积极的生活习惯，如定期参加体育活动，保持适度的运动量和健康的饮食习惯，有助于增强身体素质、改善心理状态和提高生活质量。优化的休闲体育服务体系可以通过多种方式促进生活习惯的改变，它提供了多样化的体育活动选择，使用户更容易找到适合自己的运动方式。例如，通过提供丰富的运动项目、灵活的场地安排和便捷的预约系统，用户可以更轻松地参与体育活动，并将其纳入日常生活中。优化的休闲体育服务体系还可以提供专业的指导和支持，帮助用户制订个性化的锻炼计划。其包括提供健身指导、定期的体能测试和评估，以及私人教练的指导。通过这种个性化的指导，用户可以更有动力地坚持锻炼，并逐渐改变他们的生活习惯。优化后的休闲体育服务体系还可以通过社交和互动的方式促进生活习惯的改变。例如，组织团队运动、比赛和社交聚会，可以增加用户之间的互动和合作，激发他们的兴趣和热情。这种社交环境可以为用户提供支持和鼓励，让他们感到参与体育活动的乐趣，从而更有动力地坚持下去。

通过优化的休闲体育服务体系推动生活习惯改变具有重要的意义，

它可以改善用户的身体健康状况，减少慢性疾病的产生，并增强用户的体能和免疫力。这对于个人的健康和福祉至关重要，也有助于减轻医疗系统的负担。定期参加体育活动还可以改善用户的心理健康和情绪状态。体育锻炼被广泛认为是一种有效的压力释放和情绪调节方式，可以帮助人们减轻焦虑和抑郁，增强自尊心和自信心。通过培养健康的生活习惯，用户可以更好地应对生活中的挑战和压力，提升他们的生活质量和幸福感。此外，改变生活习惯能够培养用户的自律性和毅力。定期参加体育活动需要坚持和自我管理，这可以培养用户的自律性和责任感。这种自律性和责任感可以延伸到其他方面的生活中，如工作、学习和人际交往，从而提升用户在各个方面的满意度和成功感。

五、满足多元化需求

优化后的休闲体育服务体系能更好地满足用户多元化的需求，从而提高了他们的满意度。在现代社会中，人们的体育需求已经从基本的健康需求，发展到更为广泛和多样化的层面。各种运动类型、不同的活动形式不同难度的课程等需求应运而生，这就要求休闲体育服务体系能够适应这种变化，满足用户多元化的需求。当用户的需求得到满足，他们的满意度也会随之提高。换句话说，优化后的休闲体育服务体系能够给用户带来更多的选择，让他们根据自己的兴趣、能力、时间等实际情况选择最适合自己的体育活动，在这种情况下，用户的满意度必然会提高。

从运动类型来看，休闲体育服务体系需要提供各种运动类型的活动，以适应不同用户的兴趣和需求。其包括传统的球类运动，如足球、篮球和排球等。这些运动不仅能够帮助用户保持身体健康，提高身体素质，而且通过比赛和团队合作，还能增强用户的团队精神和协作能力。对于喜欢竞技和团队运动的用户来说，参与这些运动能够给他们带来极大的满足感。休闲体育服务体系还应包括近年来兴起的新型运动，例如瑜伽、普拉提等。这些运动类型对于改善身体柔韧性，提高身体平衡性，以及提升心肺功能等方面都有显著的效果。对于喜欢静态和独立运动的用户来说，参与这些运动不仅能帮助他们达到健身的目标，而且能给他们提供一个放松身心、减轻生活压力的机会。因此，提供多元化的运动类型选择，可以满足不同用户的运动需求，从而提高他们的满意度。

从活动形式来看，休闲体育服务体系应该既提供个体活动，也提供团体活动。对于那些偏好独立锻炼的用户来说，个体活动能够给予他们更高的自由度。这类用户可以根据自己的喜好，安排自己的锻炼计划，他们可以自主选择最适合自己的运动项目和强度。例如，一些用户可能会选择跑步或骑自行车等有氧运动，以保持身体健康和提升心肺功能；也有些用户可能会选择力量训练，以塑造肌肉线条和提高基础代谢率。这种自我驱动的锻炼模式，让他们在运动中享受到的不仅是肌肉的舒张与收缩，更是一种自由和独立的精神享受。而这正是个体活动的魅力所在。对于那些热衷于团体活动的用户来说，团体活动可以让他们在运动的同时享受到群体带来的欢乐。团体活动不仅可以培养用户的团队合作精神和沟通技巧，还可以让他们在运动过程中结识新朋友，扩大社交圈子。这种活动形式既能保证用户的运动需求得到满足，又能够使他们的社交需求得到满足。例如，参与篮球、足球等团队运动，不仅可以锻炼身体，还能够提高团队协作能力；参与瑜伽、舞蹈等团体课程，除了能够帮助用户保持身体的柔韧性和协调性，也能够给用户带来身心的舒缓和放松。

从课程难度来看，体育服务体系通过提供各种难度级别的课程，能够满足不同能力水平的用户的需求，这对于提升用户的归属感和满意度至关重要。初学者通常对自己选定的运动项目的基本技能和规则知之甚少。因此，他们需要的是入门级别的课程，这些课程通常会从基础开始，详细解释运动项目的基本规则和技巧，同时强调正确的运动姿势和安全注意事项，让初学者在掌握运动项目基本技能的同时，避免运动伤害。

此外，初级课程还会通过渐进的训练模式，逐步增加初学者训练的强度，从而在保证安全的前提下，逐步提高初学者的运动能力。对于专业运动员来说，已经拥有了一定的运动技能和体能基础，他们需要的是更高级别的课程。高级课程通常会提供更为复杂和具有挑战性的训练项目，通过这些项目，专业运动员可以进一步深化他们的运动技能，挑战自己的运动极限。高级课程通常也会提供更为专业的训练建议和运动策略，帮助专业运动员提升比赛表现，实现运动目标。从课程难度的多元化角度来看，一个经过优化的体育服务体系应该考虑到各种能力水平的用户的需求，从初学者到专业运动员，都应该能找到适合自己的课程。通过满足不同用户的需求，体育服务体系可以吸引更多的用户参与，进而提高用户的满意度，同时也能够提高自身的服务质量和市场竞争力。总的来说，无论是对于初学者，还是专业运动员，体育服务体系在课程难度上的多元化选择都是提高用户满意度的关键。

第二节　休闲体育服务体系优化中服务的改进

在休闲体育服务体系的优化中，服务效率和质量的提升十分关键，是实现体育服务机构的持续、健康发展的重要因素，提高服务效率和质量的具体措施如下：

一、提高服务效率

提高服务效率是优化休闲体育服务体系的关键组成部分，其实质是提高体育服务供应的速度，以满足用户的需求和期待。经过优化的体育服务体系能够提供更快捷、更便利的服务，进一步提升用户满意度，同时也能够提升经济效益。

休闲体育服务体系的优化在很大程度上得益于现代科技的进步。其中，线上预约系统已成为提高服务效率的重要工具。这种系统以其便捷、高效的特点，大大提升了休闲体育服务的可用性和效率，符合当下快节奏生活方式的需求。线上预约系统允许用户随时随地进行预约，省去了到场排队等待的时间和精力，极大地提升了用户体验。比如，用户想参加一次瑜伽课程或预定篮球场地，只需动动手指在手机或电脑上点击预约，就可以成功锁定课程时间或场地。而且，许多线上预约系统还支持提前一周或提前更长时间预约，用户可以根据自己的时间安排进行预约，这种灵活性给用户带来了极大的便利。更进一步来说，线上预约系统通常可以实时显示课程、场地的使用情况，用户可以清楚地看到每个时段的剩余名额，避免了因为课程、场地已满而白跑一趟的情况。同时，用户在预约时也能看到每个课程的详细信息，如教练资质、课程内容、课程强度等，这让用户在预约时就能有一个全面的了解，更有利于用户做出适合自己的选择。线上预约系统还能大幅度提升休闲体育服务机构的工作效率。前台工作人员不再需要手动记录预约内容，而是由系统自动管理，这不仅减轻了工作人员的负担，还减少了因为人为错误导致的预约冲突。这意味着休闲体育服务机构可以用更少的人力资源处理更多的预约工作，大大提高工作效率。

　　采用科学的训练计划也是优化休闲体育服务体系的重要方面，科学的训练计划可以帮助用户更有效地进行训练，提升运动效果。这一点对于用户来说尤其重要，因为有效的训练计划可以帮助他们以更短的时间达到预期的运动效果。优化后的休闲体育服务体系应该能够为用户提供个性化的训练计划，这些计划应根据用户的身体状况、运动能力、运动目标等因素进行定制，以确保其科学性和有效性。一个科学的训练计划应考虑用户的个体差异。每个人的体质、健康状况、运动经验和运动目标都不同，因此不同用户需要不同的训练计划。一个科学的训练计划应能对每位用户进行详细的评估，包括身体状况、运动能力和运动目标，然后根据这些因素为用户定制一个适合的训练计划。比如，对于初级运动者，训练计划可能需要侧重于基础技能的训练和体能的提升；对于中级运动者，训练计划中可能需要增加一些难度更大的动作，以提高他们的运动技能；对于高级运动者，训练计划可能需要更专业的项目指标，如专业的技术指导、更高的训练强度等。训练计划的科学性还表现在其需要定期调整。人的身体状况和运动能力都是不断变化的，因此训练计划也应随之调整。比如，随着训练的进行，用户的体能和技能都可能有所提升，这时他们可能需要更高强度的训练；反之，如果用户在训练中受伤，他们可能需要降低训练强度，或者改变训练方式。因此，一个科学的训练计划应定期对用户的状况进行重新评估，并根据评估结果进行调整。

提高服务效率还能够通过提升运营效率降低成本，从而增加经济效益。对于休闲体育服务机构来说，提高服务效率意味着可以用同样的成本为更多的用户提供服务，这不仅能够提升用户满意度，还能够提高经济效益。以线上预约系统为例，这种系统可以大大减轻前台工作人员的负担，因为他们不再需要手动处理每一个预约请求。同时，用户可以在任何时间进行预约，无须担心前台的工作时间。这样，休闲体育服务机构可以节省在前台工作人员身上的人力成本，同时保证服务的连续可用性，这无疑将提高机构的运营效率。此外，由于线上预约系统可以实时更新课程或场地的使用情况，用户可以更容易地找到适合自己的预约时间，这将减少因预约不便而造成的用户流失，从而增加收入。再以科学的训练计划为例，通过科学的训练计划，休闲体育服务机构可以更有效地满足用户的需求，增加课程的吸引力。例如，通过为用户提供个性化的训练计划，用户可以在较短的时间内看到运动效果，这将增加他们对课程的满意度和忠诚度，打造良好的口碑，进而吸引更多的用户参加课程，增加课程的收入。此外，通过定期调整训练计划，休闲体育服务机构可以防止用户因为训练内容单一而失去兴趣，从而保持用户的参与度，这也将对课程收入产生积极影响。

二、提升服务质量

优化后的休闲体育服务体系应该关注服务质量的提升，为用户提供更高质量的体育服务。这涉及很多方面，包括教练队伍的专业水平、课程内容的丰富度和设施与环境的良好程度等。

教练队伍的专业水平很大程度上决定了体育服务的质量和效果。专业的教练不仅需要具备深厚的体育知识和较高的技能水平，还需要具备良好的教学方法和人际交往能力。他们能够准确判断用户的身体状况，设计出符合用户体质和能力的训练计划。教练的专业知识可以帮助用户避免运动中的不当动作，降低运动伤害的风险。此外，专业的教练可以通过专业的指导，使用户在运动中达到良好的效果。专业的教练还应具备一定的健康知识，能够为用户提供科学的健康饮食指导，以支持用户的运动需求。合理的饮食搭配可以帮助用户更好地恢复体力，提高运动表现。此外，专业的教练还可以为用户提供运动恢复的建议，例如使用冷热敷、深层按摩等方法，帮助用户舒缓肌肉疼痛，提高运动恢复的效率。优化后的休闲体育服务体系还要重视教练队伍的培训和发展，持续提供教育和培训机会，使教练能够应用最新的科研成果和训练理念，提高专业水平。同时，也应该建立一套完善的教练评价系统，评估教练的工作表现，以此为依据进行教练队伍的管理和激励，确保教练能够提供高质量的服务。

课程内容的丰富度也是影响服务质量的重要因素。一个经过优化的休闲体育服务体系应该提供各种类型的课程，以满足不同用户的兴趣和需求。如球类运动，适合喜欢团队合作、善于沟通协调的用户；健身训练课程，适合想要提高肌肉力量和塑造体型的用户；瑜伽课程，则适合希望通过运动获得放松、减压的用户；舞蹈课程，对于喜欢音乐和舞蹈的用户具有很大吸引力。多元化的课程选择，使得每一位用户都可以在体育服务体系中找到适合自己的课程，提升了用户的满意度。不同难度的课程设计也是提升服务质量的一个重要方面。从初级到高级的课程设置，可以让大多数用户都能找到适合自己运动水平的课程，避免了因为课程难度过高或者过低，影响用户运动效果和体验的情况。同时，随着用户运动能力的提升，他们可以选择更高难度的课程，这样的设计也为用户提供了学习动力，增加了他们对于服务体系的黏性。定期更新课程内容也是保持课程新鲜感的重要手段。体育服务体系可以根据最新的运动科研成果和市场需求，引入新的运动项目和训练方法，这不仅可以吸引新的用户，也可以激发老用户的兴趣，促使他们持续参与体育服务项目。例如，近年来非常流行的高强度间歇训练（HIIT）课程，就是通过更新课程内容，吸引了大量追求高效短时运动的用户。

此外，设施与环境的良好程度直接影响用户的运动体验，也是影响服务质量的重要因素。优化后的体育服务体系应该提供良好的设施与环境，给用户提供更好的运动体验。充足的运动场地和设施是提供良好运动体验的基础。足够的运动场地可以减少用户在进行运动时的空间限制，用户可以在足够大的空间里自由活动，无须担心碰撞到其他人或者设施。此外，各种运动设施也应该齐全，比如健身房应该有各种不同类型的器械，游泳池应该提供各种救生设备，球场应该提供球类设备等，这样才能满足用户多样化的运动需求。设施的整洁对于提供舒适的运动环境同样十分重要。没有人愿意在脏乱的环境中进行运动，因此，体育服务机构应该定期对运动场地和设施进行清洁与维护，保证环境的整洁。此外，设施的保养和更新也很重要，过于陈旧的设施不仅影响用户的运动体验，甚至可能存在安全隐患。配套设施的提供也能提升用户的运动体验。例如，提供更衣室和淋浴设施，可以让用户在运动后能方便地更换衣物和清洁身体；储物柜的提供可以让用户放心地将个人物品存放，专心进行运动。此外，一些额外的设施，如休息区、饮水机、空调等，虽然不直接参与到运动过程中，但它们的存在可以极大地提高用户的满意度，从而提升整体的服务质量。

三、建立服务标准

在优化体育服务体系的过程中，可以建立一套标准化的服务流程以及科学的服务标准。这些标准可以使用户更清楚他们可以获得什么样的服务，也可以让他们知道如何提出和解决问题。建立服务标准的具体作用如下：

（一）确保服务的一致性和稳定性

在休闲体育服务体系中，服务的一致性和稳定性对用户体验非常重要。建立严谨的服务标准能为保证服务一致性和稳定性提供强大的支撑，从而使得机构在竞争激烈的体育市场中脱颖而出。

服务标准的制定使得服务流程得以标准化，能够有效地指导服务人员在各个环节中的操作。这使得用户能够接受相同的服务质量。例如，如果一个健身中心建立了明确的接待流程，所有工作人员都可以按照此流程进行操作，无论用户在何时参与活动，都可以享受到一致的高品质服务。通过这样的方式，标准化流程提升了用户对服务的信任，也增加了用户满意度。标准化的服务流程也能帮助服务机构更高效地分配物质资源和人力。当服务流程明晰时，工作人员可以按部就班地执行，避免了资源浪费和工作重复。例如，在体育赛事的组织过程中，通过明确的角色分工和工作流程，服务机构可以确保各个环节得到有效的执行，提高整体的工作效率。此外，通过建立服务标准，机构可以制定具有针对性的问题处理流程。例如，针对设备维护问题，可以建立标准的报告和处理流程，使得问题能够得到及时、有效的解决，避免影响用户体验。

（二）提高服务的公平性和透明度

通过明确规定服务内容、质量要求和用户权益保障内容，服务标准为用户提供了明确的权益保证，进一步提升了服务的公平性和透明度。

服务标准对服务内容和质量的明确规定，使得每一位用户都能够清楚地了解自己能够获得的服务内容和质量，无论是新用户，还是老用户，都享有平等的待遇。这种对服务内容和质量的明确规定，可以有效减少个人关系或其他因素引发的服务不公。所有的用户在享受服务时，都能体验到公平的、一致的待遇，这在很大程度上增强了用户对体育服务机构的信任。服务标准的明确设定对保障用户权益起到关键作用。服务标准规定了在服务过程中，用户应享有哪些权益，如何维护和实现这些权益。这不仅帮助用户了解自身的权益，而且为用户提供了在权益受到侵害时的维权渠道，从而提升了服务的公平性。服务标准还规定了服务机构与用户之间的沟通渠道和问题解决机制。用户在遇到问题时，可以依据服务标准得到及时、有效的反馈和解决方案，这说明明确设定服务标准可以进一步提升服务的透明度。透明度的提高不仅使得用户在享受服务过程中获得更多的安全感，也提升了用户对体育服务机构的满意度和忠诚度。

（三）有助于提高服务质量

服务标准明确了服务机构对于服务质量的要求和评估指标，从而促使服务机构更加重视服务质量的提升。

一方面，服务标准明确了服务机构对服务质量的要求和评估指标。这使得服务机构在面对竞争和用户需求时，有了明确的方向和目标。例如，如果服务标准规定了健身教练需要具备的资质和培训要求，那么服务机构在招聘和培训教练时，就会更注重教练的专业能力和教学技巧。这样的规定不仅能够确保教练队伍的专业水平，也有利于提升教练对用户的教学效果，进一步提高服务质量。另一方面，服务标准也有助于规范课程的内容和提升课程的质量。例如，服务标准可以规定课程的内容要求和更新频率，以确保课程的科学性、时效性和吸引力。这使得服务机构在开发和更新课程时，有了明确的标准和方向。同时，这种明确的课程规定也使得用户在选择课程时，能够更放心、更有信心。

（四）帮助服务机构与用户建立更紧密的沟通和互动关系

通过建立明确的服务标准，服务机构能够与用户建立更紧密的沟通和互动关系，这对于提升用户的满意度和信任度，提升服务机构的社会声誉和市场竞争力至关重要。

服务标准明确规定了用户在享受服务时享有的权益和需要承担的责任。这使得用户在享受服务的同时，能够清晰地了解自己应该享有的权益和应该承担的义务。例如，服务标准可以规定用户在使用体育设施时应该遵守的规则，以及在损坏设施时应该承担的责任等。这种明确的规定可以帮助用户了解自己的权益和义务，从而更好地享受服务。服务标准也可以帮助服务机构与用户建立更紧密的沟通关系。服务机构可以通过定期向用户公示和解释服务标准，收集用户的意见和建议，从而实现与用户的互动和共同成长。例如，服务机构可以定期组织用户座谈会，邀请用户参与服务标准的制定和修改过程，听取用户的意见和建议，共同讨论如何提高服务质量。此外，服务标准的严格执行和维护也是建立用户信任的关键。当用户看到服务机构能够严格执行服务标准，为自身提供高质量的服务时，会对服务机构产生更多的信任感。这种信任感不仅可以提升用户的满意度，也可以提高服务机构的社会声誉和市场竞争力。

四、采用新技术

在优化休闲体育服务体系的过程中，采用新技术是提升服务效率和质量的重要手段。新的科技和设备，如智能健身设备、在线预约系统等，可以为用户提供更便捷、更高效的服务体验，同时也能够提升服务的质量和个性化程度。

一方面，智能健身设备的应用可以提高用户在运动过程中的效率和体验。

这些设备结合了传感技术、数据分析和人工智能等先进技术，为用户提供了全新的运动训练方式和个性化的指导，从而达到更高水平的运动效果。智能健身设备通过监测用户的运动状态和行为，能够提供实时反馈和指导。传感技术可以感知用户的动作姿态，通过数据分析和算法支持，将实时的运动数据转化为有益的信息，以帮助用户调整姿势、改善运动技巧，从而更准确地进行训练。例如，智能手环可以监测心率、步数和消耗的卡路里等数据，智能跑步机可以根据用户的步态和身体状况调整速度和坡度。通过这些实时反馈和指导，用户能够更好地掌握运动状态，做出适当的调整，提高运动效率。智能健身设备还可以提供个性化的训练方案和建议。通过分析用户的个人数据、运动目标和身体状况，智能健身设备可以根据用户的需求制定个性化的训练计划。例如，智能健身 App 可以根据用户的体能测试结果和运动偏好，为其推荐适合的训练课程和活动。智能健身设备还可以根据用户的运动记录和反馈，调整训练强度和周期，以实现更好的运动效果。这种个性化的训练方案和建议，使用户能够更科学地制定训练计划，有效地提升运动效果，增加对服务的满意度。此外，智能健身设备的数据记录功能也为用户提供了更好的运动体验。智能健身设备可以记录用户的运动数据，如运动时间、距离、速度、消耗的卡路里等，这些数据可以用于跟踪用户的运动进展和成果。用户可以通过查看历史数据和分析报告，了解自己的运动表现和改善方向，激发运动动力。一些智能健身设备还可以与社交媒体平台或健身社区连接，用户可以将自己的运动数据分享给朋友或健身伙伴，互相鼓励和竞争，增加运动的乐趣和动力。

另一方面，在线预约系统的应用可以提高服务的效率和便捷性。传统的预约方式需要用户亲自到场地或机构进行预约，耗费时间和精力，并且可能面临排队等待的情况。而通过在线预约系统，用户可以随时随地利用手机或电脑进行预约，无须到现场，大大提高了预约环节的便捷性和可用性。在线预约系统使得用户可以随时了解课程信息和教练安排。通过在线平台，用户可以获取实时的课程表、教练排班和课程介绍等信息，可以清楚地了解自己感兴趣的课程及相关信息。用户可以根据自己的需求和时间安排，选择适合自己的课程和教练，用户选择的自由度和个性化程度大大提高。在线预约系统还可以提供课程评价和用户反馈，帮助用户做出更明智的选择。在线预约系统还能够提供方便快捷的预约流程。用户只需要登录在线平台，选择心仪的课程或场地，然后选择适合自己的日期和时段，即可完成预约。这种预约方式不仅节省了用户的时间，也避免了传统预约方式中可能出现的烦琐手续和等待时间。在线预约系统还可以提供即时的预约确认和提醒功能，让用户随时了解自己的预约情况，减少预约失误和不必要的等待。另外，在线预约系统还可以提供场地和设备的实时可用性信息。用户可以通过在线平台查看场地的使用情况，了解哪些场地可用，并选择适合自己的时间段进行预约。这种实时的场地可用性信息能够帮助用户更好地安排自己的运动时间，避免因场地紧张而导致的预约困难。通过在线预约系统，服务机构也能够更好地管理和优化资源。系统可以自动记录和统计用户的预约情况，帮助服务机构了解用户需求和流量情况，从而更好地调配教练和场地资源。同时，系统还可以提供数据分析功能，帮助服务机构了解课程热度、用户喜好等信息，为用户提供更加精准的定制化服务。

此外，还有其他一些新技术可以进一步提升服务效率和质量。例如，虚拟现实（VR）和增强现实（AR）技术可以为用户提供更丰富、更生动的运动体验，增强用户的参与感和兴趣；移动应用程序可以提供个性化的运动计划、健康管理和社交互动等功能，满足用户多样化的需求；数据分析和人工智能技术可以帮助服务机构更好地了解用户的喜好和需求，提供个性化的服务和项目推荐。

五、持续改进服务的机制

在休闲体育服务体系优化过程中，不仅需要关注当前的服务效率和质量，更重要的是要有对服务进行持续改进的机制。这种改进机制可以使服务机构始终保持对市场变化的敏锐感知，及时调整服务策略，以应对用户需求的变化。服务持续改进不仅能提升服务效率和质量，还能增强用户的满意度和忠诚度，从而进一步增强服务机构的市场竞争力。

（一）用户反馈的收集与分析

优化后的休闲体育服务体系会定期收集用户的反馈信息。这种反馈信息可以是用户对服务的满意度评价，也可以是用户对改进服务的建议和意见。收集用户反馈的方式有很多种，包括但不限于用户调查问卷、用户访谈、用户评价系统等。用户调查问卷是一种常用的收集用户反馈的方式，服务机构可以通过设计具有针对性的问题，收集用户对服务的满意度、期望和建议。用户访谈是一种更深入的收集用户反馈的方式，服务机构可以通过面对面或电话访谈的方式，获取用户对服务的深度见解和意见。用户评价系统则是一种在线收集用户反馈的方式，用户可以在使用服务后，通过网站或 App 对服务进行打分和评论。

收集到的用户反馈是非常宝贵的数据资源，通过对这些数据进行分析，服务机构可以了解哪些服务环节是用户满意的，哪些服务环节是需要改进的，甚至可以预见用户的未来需求。例如，如果大部分用户反馈认为健身房的器械太旧，那么服务机构就应该考虑更新器械设备；如果大部分用户反馈瑜伽课程的时间安排不合理，那么服务机构就应该调整课程时间；如果大部分用户反馈希望有更多的团体运动活动，那么服务机构就应该考虑增加团体运动的项目种类。

（二）数据分析驱动的服务改进

利用大数据分析技术，服务机构能够将用户反馈信息及其他相关数据转化为具体的服务改进行动。通过数据分析，服务机构可以从用户的行为模式和需求变化中获取深入的结论，这些结论可以指导服务机构及时调整和优化服务策略，以满足用户的不断变化的需求。

服务机构可以通过多种方式收集用户数据，包括用户使用服务的频率、使用服务的时长、选择的服务类型、使用服务的地点等。这些数据可以提供有关用户行为的直接证据，帮助服务机构理解用户的行为模式和偏好。数据分析不仅可以帮助服务机构理解过去和现阶段的用户行为，而且还可以预测未来的用户行为和需求。例如，服务机构可以通过对用户活动数据进行分析，预测在特定的时间或场合，用户对哪些服务类型的需求可能会增加。这种预测可以帮助服务机构提前做好服务准备，增加特定服务类型的供应，或者优化服务的流程和体验，以满足预期的需求增长。服务机构还可以利用数据分析结果，进行更精细化的用户分类。例如，服务机构可以将用户按照活动习惯和偏好进行分类，然后为每个类别的用户提供定制化的服务。这种定制化的服务可以更好地满足用户的个性化需求，提高用户的满意度和忠诚度。

（三）服务策略的调整与执行

收集和分析用户反馈、理解和预测用户需求只是改进服务的第一步。在收集和分析用户反馈、理解和预测用户需求的基础上，服务机构需要将这些分析结论转化为具体的服务策略，并在实际操作中执行这些策略。这需要服务机构具备高度的敏锐性和灵活性。服务机构需要将数据分析的结果快速转化为改进服务的具体行动。这些行动可能包括调整服务流程，优化服务环节，提升服务人员的技能水平，更新设备和配套设施，甚至可能包括调整服务的定价和营销策略等。这些都需要服务机构具备快速决策和执行的能力，以及对各种可能影响的深入分析能力。

执行新的服务策略并不意味着优化过程的结束。服务机构还需要建立有效的服务监控和评估机制，以实时了解新的服务策略的执行效果。通过监控服务的各项指标，例如用户满意度、服务效率、服务质量等，服务机构可以及时发现问题，并针对问题进行调整，以保证服务的效率和质量。服务机构还需要建立内部反馈机制，将服务策略执行的结果反馈给相关的决策者和执行者。这种内部反馈机制可以帮助服务机构及时了解和调整服务策略，以保持服务的持续改进。

在服务策略的调整和执行过程中，服务机构也需要注意保持服务的连贯性和一致性。即使在进行服务改进的时候，也不能忽视对服务连贯性和一致性的维护。服务机构需要确保在服务改进的同时，保持对所有用户提供稳定、可靠、高质量的服务。

（四）用户满意度和忠诚度的提升

休闲体育服务体系的优化不仅可以提升服务的效率和质量，更重要的是，优化过程还可以持续提升用户的满意度和忠诚度，而这两者都是衡量服务体系性能的重要指标。

用户满意度是衡量服务质量的重要指标。用户对服务的满意度越高，说明服务的质量越好。优化后的休闲体育服务体系需要定期收集和分析用户的反馈，包括用户对服务的满意度评价和改进建议。这样，服务机构就可以根据用户的反馈调整服务策略，改进服务流程，提高服务质量。此外，用户满意度也可以作为服务机构自我评价和自我提升的重要参考。用户忠诚度是衡量服务机构竞争力的重要指标。用户的忠诚度越高，说明用户更愿意继续使用这项服务，甚至愿意将这项服务推荐给其他人。用户忠诚度的提高可以通过提供优质服务、创建愉悦的用户体验、构建良好的用户关系等方式实现。用户满意度和忠诚度的提升，也意味着服务机构市场份额和竞争优势的提升。

在休闲体育服务体系的优化过程中，用户满意度和忠诚度的提升需要一个过程。服务机构需要持续收集和分析用户的反馈，持续改进服务策略和流程，持续提升服务质量，持续构建和维护良好的用户关系。这是一个循环上升的过程，每一次的循环都应当促使服务体系变得更加优化，促使用户满意度和忠诚度不断提升。

第三节　休闲体育服务体系优化对公众、社区和社会经济的影响

休闲体育服务体系的优化具有多重意义，包括对公众身体健康水平的提高、对公众心理健康的促进、对健康知识的普及、对社区凝聚力的增强、对社区文化建设的提升、对社会经济发展的促进。

一、对公众身体健康水平的提高

休闲体育服务体系优化在提高公众身体健康水平方面扮演着重要的角色。休闲体育运动是一种非常有效的身体锻炼方式，可以帮助公众保持和提高健康水平。这些活动可以改善心肺功能，提高骨密度和肌肉力量，提高新陈代谢率，从而提高人体对各种疾病的抵抗能力。

一方面，休闲体育运动能够帮助人们改善心肺功能。心肺功能是身体机能的核心组成部分，是生命的驱动力。心脏是一个强大的泵，负责促进血液循环，将氧气和营养素输送到全身各个部位，而肺部则是氧气和二氧化碳的交换中心。良好的心肺功能意味着人们能够更有效地使用氧气，更好地维持身体的正常功能，并有能力进行持久的体育活动。有氧运动是一种非常有效的改善心肺功能的方式。有氧运动，也被称为心肺耐力训练或简称的耐力训练、心肺训练，主要是长时间的、节奏一致的运动，这种运动所使用的主要是大肌肉群。典型的有氧运动包括跑步、游泳和骑自行车等。这些运动都有一个共同点，那就是它们都需要大量的氧气供能。在运动过程中，心率会提高，以便将更多的血液、氧气和营养素输送到正在工作的肌肉部位。同时，呼吸也会加快，以便肺部吸入更多的氧气，并排出更多的二氧化碳。经过一段时间的有氧运动，心

脏的泵血能力会增强，肺部的气体交换效率也会提高。这就是为什么人们通常说有氧运动可以改善心肺功能。有氧运动对心脏功能的益处是显而易见的。长期进行有氧运动的人，心脏会变得更加健康、更加强壮。他们的心率会降低，但心脏输出的血液量会增加，这意味着每次心跳，心脏可以泵出更多的血液。这可以降低心脏疾病和高血压的风险。有氧运动也对肺部健康有利。运动时，人们的呼吸速度会加快，肺部需要交换更多的氧气和二氧化碳。长期进行有氧运动的人，肺部会变得更加健康，肺部的气体交换效率会提高，这意味着每次呼吸，肺部可以吸入更多的氧气，并排出更多的二氧化碳。此外，有氧运动还能提高身体对氧气的利用能力。当人们进行有氧运动时，身体的大部分肌肉都在工作，需要大量的氧气供能。长期进行有氧运动的人，身体能更有效地利用氧气，这是因为他们的肌肉中，有更多的线粒体，线粒体是细胞的能量工厂，可以利用氧气和营养素产生能量。在有氧运动中，跑步、游泳、骑自行车等运动方式因具有易操作性和普遍性，成了提高心肺功能的主要方式。这些运动不仅可以在室内进行，如在健身房跑步机上跑步、在室内游泳池游泳、使用动感单车等，也可以在户外进行，如在公园或者街道上跑步、在湖泊或者海洋中游泳、在道路或者山地上骑自行车。这些运动方式为广大公众提供了便利，使得大家不需要挑选特别的场地或者设备，就可以随时进行有氧运动，提高自己的心肺功能。

另一方面，休闲体育运动可以有效提高骨密度和肌肉密度。肌骨健康是身体健康的重要组成部分。骨骼是身体的框架，提供稳定性和支持，而肌肉则为人们的身体提供力量和移动能力。休闲体育活动，特别是抵抗训练和体重训练，可以显著提高骨密度和肌肉力量，为身体健康带来一系列的益处。抵抗训练和体重训练可以有效地提高骨密度。骨密度是骨骼健康的关键指标，它反映了骨骼的强度和耐力。骨密度越高，骨骼就越强壮，抵抗骨折的能力就越强。骨密度的增加是通过骨骼接受压力实现的，抵抗训练和体重训练可以提供这种压力。当进行这些训练时，肌肉会对骨骼产生压力，骨骼会对这种压力做出反应，增加新的骨质，使自身变得更强壮。抵抗训练，如举杠铃和哑铃，可以使骨骼经历拉伸和压缩，这种应力反应可以刺激骨骼吸收更多的矿物质，提高骨密度，增加骨骼的强度和耐力。此外，体重训练，如跳跃、蹲跳、走路和跑步，也可以对骨骼产生相似的影响。因此，定期进行抵抗训练和体重训练是预防或治疗骨质疏松症的有效手段。有氧运动涉及的肌肉训练还可以增强肌肉力量和耐力。肌肉力量是指肌肉产生力量的能力，而耐力则是肌肉在长时间内持续工作的能力。通过肌肉训练可以加大肌肉的体积和力量，提高身体的平衡能力和灵活性，减少跌倒和受伤的风险。肌肉训练不仅包括举杠铃和哑铃，也包括体操、瑜伽、太极等形式的体育活动。这些活动可以锻炼全身肌肉，提高身体协调性和灵活性，增强平衡能力。需要强调的是，虽然抵抗训练和体重训练可以提高骨密度和肌肉力量，但这并不意味着应当进行高强度的训练。对于初学者或老年人来说，轻度到中度的训练就足够了。关键是要保持运动的规律性和持久性。只有持续、规律的运动，才能真正改善骨密度和肌肉力量，提高身体的健康水平。

二、对公众心理健康的促进

心理健康对人的生活质量、身体健康、工作效率等都有直接影响。近年来，心理健康问题（如压力过大、焦虑、抑郁等）日益严重，通过参与休闲体育活动，人们可以有效地减轻压力、增强自尊心和自信心、提高心理韧性、提高生活满意度和幸福感，从而改善个体的心理健康，促进公共心理健康。而优化后的休闲体育服务体系，可以提供丰富多样的休闲体育活动，满足不同人群的需求，更好地发挥休闲体育在改善个体心理健康、促进公共心理健康方面的作用。

（一）休闲体育活动可以有效地帮助人们减轻压力

在现代社会，压力已经成为一种普遍的生活现象。许多人都因为生活、工作中的压力感到焦虑和困扰。长期承受压力不仅会导致各种心理健康问题，如抑郁、焦虑等，还可能导致身体健康方面的问题，如心脏病、高血压、肥胖、免疫力下降等。因此，如何有效地减轻压力，已经成为当前社会的一个重要课题。在这方面，休闲体育活动展现出了显著的优势。休闲体育活动可以让人们暂时离开压力源，促使人们把注意力从日常生活中的琐事、工作、学习中转移到活动中，让人们有机会放松自己，忘记压力。这种"心理上的距离"，可以使人的内心得到暂时的休息，有助于人们从压力中恢复过来。休闲体育活动还可以刺激身体释放一种名为"内啡肽"的物质。内啡肽是一种天然的止痛剂，它可以使人产生愉快的感觉，帮助人们减轻压力、改善心情。当参与体育活动时，如跑步、游泳、打球等，身体会大量释放这种物质。这就是为什么人们在运动后通常会感到愉快和轻松。更为重要的是，休闲体育活动可以帮助人们建立一种积极的生活态度，学会应对压力的方法。通过体育活动，人们可以学会如何面对挑战，如何应对失败，如何调整自己的心态，从而更好地应对生活中的压力。例如，通过团队运动，人们可以学会如何与他人合作，如何处理人际关系，这对于减轻社交压力有着重要的作用。通过个人运动，个体可以学会如何面对自我，如何调整自己的情绪，这对于减轻个人压力有着重要的作用。

（二）休闲体育活动可以增强人们的自尊心和自信心

休闲体育活动作为一种生活方式，在塑造人的自我认知、个体价值观以及加深个体对社会环境的认识等方面有着深远的影响。特别是在自尊心和自信心的培养上，休闲体育活动发挥了不容忽视的作用。

运动作为挑战自我、突破极限的过程，本身就包含着运动主体对自身能力的认知和提升期望。每一个小小的进步，无论是体力上的增强，还是技术上的提升，都会让参与者产生深深的满足感和自豪感，由此而生的成就感，无疑会增强人们的自尊心和自信心。这种自我肯定的过程，对于心理健康具有极其积极的影响，让人感受自我价值的实现过程和人生的充实感。而团队运动，更是一种社交的过程。参与者在团队运动中，比如踢足球、打篮球等，需要不断地与队友沟通、配合，共同解决问题，这是一种对于社交技巧的锻炼。在团队合作中，每个人都是重要的一环，缺一不可，每个人的贡献都会受到团队的认可。这种团队中的互助、互信、互赞，使得每个团队成员都能肯定自己的价值和重要性，这对于增强自尊心和自信心极为重要。

（三）休闲体育活动可以提高人们的心理韧性

面临挑战和困难是人生的常态。在充满挑战的环境中，心理韧性是一种重要的素质，它能帮助人们在挑战和困难面前保持冷静，快速恢复，积极应对。休闲体育活动，尤其是一些需要高度精神集中的体能挑战活动，为提高心理韧性提供了理想的平台。在休闲体育活动中，人们总是会遇到各种各样的挑战，如技能的提升要求，体能的挑战，竞争的压力，甚至是环境的变化等。面对这些挑战，人们只有持续地努力和坚持，才能取得进步和成功。这个过程中的挑战和困难，就像一个个小的"压力测试"，考验着人们的心理韧性。

休闲体育活动可以帮助人们更好地应对挫折和失败。运动中，失败和挫折是常见的，比如投篮没进，跑步没达到预定目标等。这些挫折和失败，需要人们有足够的心理韧性加以接受，并从中找到教训，然后重新站起来，继续前行。这是一个提高心理韧性的重要过程，也是一个提升自我调适能力的过程。休闲体育活动还能够让人们更好地处理压力和克服紧张情绪。运动中，人们会遇到各种压力、如竞争压力、达标压力、时间压力等。面对和处理这些压力，需要人们有足够的心理韧性，只有这样，人们才能在压力下保持冷静，发挥自己的正常水平。这是一个提高心理韧性的重要过程，也是一个提升个体应对压力能力的过程。此外，休闲体育活动可以让人们更好地应对不确定性和变化。运动中，人们总是会遇到各种不确定性和变化，如环境的变化，比赛的变化，对手的变化等。这些不确定性和变化，需要人们有足够的心理韧性加以接受和适应，只有这样，人们才能在变化中找到机会，抓住机会，取得成功。这是一个提高心理韧性的重要过程，也是一个提升个体应变能力的过程。

因此，通过参与休闲体育活动，人们可以在面对挑战和困难时提高自己的心理韧性，这对于个体提高心理健康水平、应对生活中的压力和困难，都有着深远的影响。

（四）休闲体育活动可以提高人们的生活满意度和幸福感

休闲体育活动在现代社会中的作用越来越受到重视，其中一个重要的原因就是此类活动能够提高人们的生活满意度和幸福感。生活满意度通常被定义为个体对生活总体情况的评价，而幸福感则是人们对生活中积极情绪和快乐体验的感知。参与体育活动，可以通过多种方式增强生活满意度和幸福感。

体育活动为人们提供了一个打破日常生活单调性的机会。无论是快节奏的足球比赛，还是平静的瑜伽课，或是在大自然中进行的徒步旅行，这些活动都能让人们暂时摆脱生活的压力和琐事，体验全新的乐趣和挑战。这种打破常规的体验，让人们能获得更多的精力和心理上的满足，从而提高人们的生活满意度。体育活动本身的乐趣和挑战性也是提升生活满意度和幸福感的一个重要途径。当人们在运动中突破自我，达到新的目标，或是在团队比赛中享受合作和友谊，都会获得深深的满足感和快乐。这种自我实现和归属感的体验，对于增强生活满意度和幸福感具有显著的效果。运动还能通过改善身体健康水平和形象，提升人们的生活满意度和幸福感。健康的身体是生活满意度和幸福感的基础。通过参加体育活动，人们可以提高身体健康水平，增强体质，使自己看起来更加年轻和活力四射。同时，健康的身体也使人们能够更好地享受生活中的各种活动和乐趣，从而提高生活满意度和幸福感。体育活动还可以通过提升人们的社交能力和社区参与感，提高生活满意度和幸福感。许多体育活动都需要团队合作，如打篮球、踢足球等。在这些活动中，人们不仅可以提高自己的社交技巧，也能结识新的朋友，增强社区参与感。这种个体和社区的联系，对于提升生活满意度和幸福感具有重要的作用。

三、对健康知识的普及

优化后的休闲体育服务体系通过提供健康知识，提高人们的健康素养，促使人们形成健康行为等方式，为休闲体育活动的开展，以及公众健康水平的提高，提供了重要的支持和保障。

休闲体育活动是普及健康知识的重要途径。它通过让人们参与和体验，使得公众更直观、更深入地理解和掌握健康的生活方式和习惯。比如篮球、足球等团队运动，除了让人们体验运动的乐趣外，也常常伴随着教练员或者专业人士对运动规则、技巧、防止运动伤害等方面的讲解，这些都是对健康知识的普及。与此同时，很多体育服务体系也会设置健康讲座或者展示区，将一些健康的生活习惯、营养搭配、运动科学等知识以图文并茂、直观易懂的形式展现给公众，让公众在参与体育活动的同时，增长健康知识。

现代社会倡导科学健康的生活方式，体育运动是其中不可或缺的一部分。在参加体育活动的过程中，公众会深入了解运动的重要性，并通过亲身实践体验到运动带来的好处，如提高心肺功能、增强身体免疫力、减轻压力等。这种亲身体验更有利于公众接受和应用健康知识，形成健康的生活方式。此外，随着互联网等现代科技的发展，很多体育活动也融入了许多在线教育和互动元素，通过手机应用程序、智能手环等设备，公众可以随时获取自己的运动数据，如运动时间、步数、心率等，也可以获取专业的运动指导和建议。这种数据化、科技化的方式，让健康知识更加个性化和精准，大大提高了公众接受和应用健康知识的效果。在一些大型的体育服务体系中，为了更好地推广健康知识，常常会设有专门的健康咨询台和健康检查区。在这里，公众可以向专业医生或营养师咨询关于健康问题的建议，也可以进行简单的健康检查，如测量血压、血糖、体重等，这些都是对公众进行健康教育的重要方式。通过这样的活动，公众可以更直观地了解自己的健康状况，提高对预防疾病和保持健康生活方式的意识。

休闲体育活动还可以提高公众的健康素养。健康素养，作为一种全面评价个体健康状况的重要指标，不仅仅包括了个体对健康知识的理解和掌握，更重要的是，也包括个体在实际生活中应用这些知识维护和提升自身健康水平的能力。在这一点上，休闲体育活动发挥了极其重要的作用。运动场上，每一项活动都在无形中向人们展示着何为健康。比如在瑜伽课上，人们不仅在进行身体的锻炼，更在学习调节呼吸、放松身心的方法；在游泳池中，人们在享受水的凉爽的同时，也在学习如何调动全身肌肉群，提升心肺功能。而在篮球场、足球场上，人们在竞技中体验团队协作、策略沟通等社交技能的重要性。这些活动在教授人们如何运动的同时，更是在教授人们如何维护和提升自身的健康水平，如何实现身心的和谐统一。休闲体育活动不仅提供了运动的平台，更是一个健康教育的课堂。体育活动中的每一个环节，都可能成为普及健康知识的窗口。如体育活动前的热身运动，可以教授公众如何进行有效的热身，预防运动伤害；体育活动后的拉伸运动，可以让公众了解运动的恢复重要性；而在运动期间，也可以通过不同的运动强度，让公众了解心肺耐力的培养和肌肉力量的训练过程等。此外，休闲体育活动对公众健康素养的提升作用也体现在提高参与者健康决策的能力上。不同的体育活动适合不同的体质和年龄，通过了解和体验各种活动，公众能够更好地理解哪种运动方式适合自己，从而做出有利于自己身心健康的决策。这不仅可以提高运动的效果，也可以避免由于运动不当引发的伤害。

休闲体育活动还能够帮助公众形成健康的行为习惯。参与休闲体育活动是一种实际的行动，它在无形中塑造着参与者的行为模式，使之逐渐形成健康的行为习惯。例如，经常参加团体运动的人，往往能更好地理解和实践团队合作与公平竞争的精神，他们在竞赛中寻求合作，共享愉悦，体验成功，也会在失利中坚韧不拔，积极向上。这些在运动中形成的积极态度和行为习惯，会潜移默化地影响他们的日常生活和工作。同时，有氧运动如慢跑、游泳、骑自行车等，需要持久性的耐力和毅力。参与这些活动的人们，往往能更好地养成定期锻炼的习惯。他们了解并认同持之以恒地运动可以带来的健康效益，比如心肺功能的提高、体重的控制、精神状态的改善等。这些健康行为习惯的形成，对于预防和控制慢性疾病、提高生活质量具有重要意义。健康教育活动如营养讲座、健康管理研讨会等，通过提供科学的、实用的信息，帮助公众了解和掌握健康的饮食和生活习惯。更重要的是，这些活动不仅仅提供知识，而且鼓励和引导公众将这些知识应用到日常生活中，如选择健康的食物，制定科学的饮食计划，合理安排休息和工作时间等。这些在实践中形成的健康行为，对于维护和提升公众的健康水平，有着至关重要的作用。

四、对社区凝聚力的增强

优化休闲体育服务体系在增强社区凝聚力方面发挥着重要作用。休闲体育活动提供社区成员互动的平台，促进了社区成员之间的交流和合作，增强了社区的凝聚力，建立社区的共享价值观，促进社区成员之间的社交互动和互助，提升社区成员的社会参与感和责任感，通过共同的运动体验和共享的喜怒哀乐，加深社区成员之间的情感，进一步加强社区的凝聚力。

（一）促进社区成员之间的交流和合作

优化休闲体育服务体系对于社区成员之间的交流和合作起到了重要的推动作用。这种交流和合作不仅加强了社区成员之间的联系，还提升了社区的凝聚力和社区成员的团结意识。

优化休闲体育服务体系提供了社区成员之间交流和互动的平台。在体育活动中，社区成员可以共同参与比赛、训练或观看比赛，共享运动的乐趣和挑战性。通过这些共同的体育经历，社区成员之间可以拥有共同的话题，增进相互之间的了解和友谊。他们可以交流运动技巧、分享运动心得，互相鼓励和支持。这种交流不仅丰富了社区成员的生活经验，还培养了人们相互尊重和理解的意识，促进了社区成员之间的相互信任。

优化休闲体育服务体系还能为社区成员提供参与团队运动的机会。团队运动要求社区成员之间相互协作和互助，共同追求团队的目标。通过团队训练和比赛，社区成员学会了倾听、沟通和协调，培养了团队精神和集体荣誉感。在团队运动中，社区成员必须互相配合和支持，共同面对挑战和困难，这培养了他们的协作能力和团队合作精神。这些团队合作的经验不仅在运动中有价值，也能够推广到社区的其他方面，促进社区成员之间的和谐与合作。

优化休闲体育服务体系还可以鼓励社区成员之间的竞争和合作。在休闲体育活动中，社区成员可以互相竞争，追求个人和团队的进步与成就。这种竞争激发了社区成员的潜力和动力，促使他们更加努力地训练和提高自己的水平。然而，竞争并不会影响友谊和合作。相反，休闲体育活动通过比赛和竞争，培养了社区成员之间的友谊和团结精神。在竞争中，社区成员可以相互尊重、诚实公正地比拼，通过交流和互相学习提高自己，而在合作中，社区成员可以共同努力、互相支持，共享胜利的喜悦和克服困难的经历。竞争和合作相结合，使得社区成员之间建立了积极向上的关系，增强了社区的凝聚力。

（二）建立社区的共享价值观

优化休闲体育服务体系在建立社区的共享价值观方面发挥着重要的作用。通过共享的运动体验、共享的喜怒哀乐以及对体育精神的追求，休闲体育活动促进了社区成员之间的情感深化和共同价值观的形成。

首先，休闲体育活动提供了共享的运动体验。参与休闲体育活动的社区成员，无论是运动员，还是观众，都能够体验运动所带来的乐趣、挑战性和成就感。无论是一起参加比赛、训练，还是作为观众为他人加油助威，每个人都能够共同体验运动的魅力和快乐。这种共同的体验让社区成员之间产生共鸣，增进了彼此之间的情感联系。在运动的过程中，他们共同面对挑战、克服困难，共同分享成功和失败带来的喜怒哀乐，这些共同经历成了社区成员之间的情感纽带，帮助社区形成了共同的价值观。

其次，休闲体育活动让社区成员共享喜怒哀乐。比赛的胜负、参与者之间的友谊和团结，都能使社区成员共享喜怒哀乐。无论是庆祝胜利的喜悦，还是共同缓解失败后的失落感，社区成员在这些情境中相互扶持，共同体验团队协作的重要性和友谊的力量。这种共同的情感体验和共享的喜怒哀乐，增进了社区成员之间的情感，让社区更加团结和融洽。

休闲体育活动对社区共享价值观的推动作用还体现在对体育精神的追求上。体育活动强调公平、公正、尊重和团队合作等价值观念，社区成员通过参与和观看体育活动，了解和认同这些价值观，形成了共同的价值追求。在体育活动中，社区成员学会了尊重对手、尊重规则和裁判，学会了合作，培养了团队精神。这些共享的价值观念不仅在体育活动中体现，也会在社区的其他方面得到应用。社区成员将体育活动中学到的公平、公正、尊重和合作等价值观念运用到社区生活中，能够促进彼此之间的互助、友爱和和谐。

（三）提升社区成员的社会参与感和责任感

休闲体育活动通过鼓励社区成员参与社会公益活动、提供社区服务的机会以及鼓励社会成员参与社区决策和规划，促进了社区成员的积极参与和责任感的培养，进而推动了公共健康的发展。

休闲体育活动鼓励社区成员主动参与社会公益活动。体育活动往往与公益事业相结合，如慈善跑、环保趣味公益运动会等。通过参与这些活动，社区成员可以为社会做出贡献，为有需要的人提供帮助和支持。参与公益活动不仅能够帮助人们更好地理解社会问题和需求，还能够培养人们的同理心和关爱精神。例如，社区成员参与慈善跑活动时，不仅是在锻炼身体，还在为慈善机构筹集资金，帮助需要帮助的人。通过参与这种活动，社区成员能够亲身体验到自己的行动对他人的帮助和影响，进而意识到自己在社会中的重要性。参与公益活动还能够激发社区成员的社会责任感，让人们意识到自己有能力为社会作出贡献，应当通过自己的努力改善社区环境、帮助弱势群体等。

休闲体育活动还提供了社区服务的机会。社区成员可以参与组织、策划和推广体育活动，为社区提供健康促进和体育活动宣传的服务。通过组织健身活动、运动培训或运动俱乐部等，社区成员可以为其他社区居民提供健康管理和体育锻炼方面的支持。这种社区服务不仅能够改善社区居民的健康状况，还能够增强作为组织者的社区成员的组织能力、领导力和团队合作精神。例如，社区成员可以组织健身活动，为其他社区成员提供健身指导和建议，促进健康生活方式的推广。通过这样的社区服务，社区成员能够提升自己的专业能力和技能，同时也为社区的发展和改善作出贡献。这种积极参与精神和服务意识的培养，使社区成员更加关注公共健康问题，主动参与社区的公共卫生和健康促进事务。

休闲体育活动促进了社区成员之间的互助与合作，从而加强了社区的凝聚力和共同体意识。在休闲体育活动中，社区成员通过参与比赛、训练或观看比赛等形式，建立起了友谊和信任。这种友谊和信任不仅仅局限于活动本身，还能够延伸到日常生活中，促使社区成员之间形成稳定和紧密的关系。团队运动是休闲体育活动中的一个重要组成部分，它要求社区成员之间相互协作和互助，共同追求团队的目标。在团队运动中，每个成员都发挥着不同的才能，成员相互之间的合作和互助是取得成功的关键。通过团队运动，社区成员学会了倾听和理解他人的意见，学会了相互支持和帮助。学会了承担责任和信任他人，从而形成了紧密的团队关系。这种团队合作的经验和精神不仅在运动场上发挥作用，也可以在社区的其他方面得到应用。社区成员可以通过团队运动中培养的合作精神，共同解决社区面临的问题，协商应对各种挑战，推动社区的发展和进步。

四、对社区文化建设的提升

休闲体育服务体系通过举办各类体育活动，不仅可以丰富社区居民的生活，提高他们的身心素质，而且在提升社区文化建设方面可以为社区创造一个和谐、活跃、包容、凝聚力强的环境。优化后的休闲体育服务体系对加强社区文化建设的影响和意义主要体现在促进多元文化交融、提高社区居民素质和维护社区和谐稳定等方面。

（一）促进多元文化交融

优化后的休闲体育服务体系对于加强社区文化建设具有重要的推动作用。这种推动作用不仅表现在传承和发扬我国传统文化，更表现在服务体系能够让社区成员更加开放包容，接纳多元文化，推动多元文化交融，最终构建一个和谐、开放、包容的社区文化环境。

社区体育活动涵盖了各种类型的项目，使得不同文化背景的人们能在共享体育乐趣的同时，增进相互之间的理解和尊重，达成共识，打破文化隔阂。例如，传统的中国武术，它的实质不仅仅是一种防身技能，更是中国古代哲学、医学等多种学科知识的结晶。武术的训练旨在通过内外调养，使训练者达到身心合一的境界。在社区推广武术，无疑是对中国传统文化的传承。同时，让其他文化背景的社区成员参与其中，是一种对体育文化的分享，也是一种理解和尊重的表达。又如瑜伽，这是源于古印度的一种身心锻炼方式。瑜伽练习者通过调息、静坐、动作等练习，达到身心平衡的状态。将瑜伽引入社区，除了为居民提供一种健康的休闲方式，也是向他们介绍古印度文化的一个机会。在瑜伽课程中，参与者不仅会学习瑜伽动作，还会了解瑜伽背后的哲学思想，从而对古印度文化有更深入的理解。再如足球，这是一项在全球范围内都极为流行的运动。足球比赛充满激情和挑战，既能锻炼身体，也能培养团队合作精神。把足球带入社区，可以为居民提供一个互动交流的平台，使得人们在运动中增进友谊，凝聚社区力量。通过以上例子可以看出，休闲体育活动在社区中的推广，实际上是一种文化交流的过程。不同的体育项目代表了不同的文化，同时也都有自己独特的价值观和生活哲学。通过体育，人们可以更好地理解和欣赏各种文化，正确对待文化差异，增进彼此的尊重和理解，实现文化交融。

（二）提高社区居民素质

优化后的休闲体育服务体系，可以通过各种体育活动和健康知识宣讲活动，如体育竞赛、健康讲座等，提高社区居民的身心素质，培养他们的团队精神和公民道德。体育活动在本质上就是一种有关自我管理的实践。参与体育活动需要计划性、时间管理和纪律性，这些素质在其他生活领域也同样适用。例如，定期参加健身房的锻炼，需要合理安排时间，以及持之以恒的态度，这种自律性和管理能力是社区居民素质的重要部分。体育活动也是一个培养沟通和协作能力的良好平台。团队运动如篮球、足球或排球，需要团队成员之间良好的沟通和配合。在比赛中，参与者必须学会理解并合理接受他人的观点，调整自己的行动，以适应团队的需要。这种经验有助于提升社区居民在日常生活中的沟通和协作能力，增强他们的社区参与感。

（三）维护社区和谐稳定

优化后的休闲体育服务体系在维护社区和谐稳定方面起着至关重要的作用。体育服务体系作为一种共享的、健康的、积极的社交平台，不仅有助于加强社区内部的联系和凝聚力，也能够有效减少社区中的冲突和矛盾。同时，公平、开放的休闲体育服务体系可以确保人们平等获取健康服务的机会，对于缓解社会问题、维护社会稳定具有重要意义。

一方面，体育活动提供了一个良好的平台，帮助社区成员建立和增强互动关系。当人们共同参与一项体育活动时，他们可以分享欢乐和应对挑战，共同经历成功和失败，这将有助于加强他们之间的关系，增进他们相互的理解和尊重。这种共享的体验可以有效减少社区内的冲突和矛盾，增强社区的凝聚力，从而有助于维护社区的和谐稳定。另一方面，休闲体育服务体系的优化是确保社区成员平等获取健康服务的重要手段。通过设置合理的服务收费，充分利用财政补贴，或者组织社区志愿劳动等方式，可以使社区成员能够承担体育活动的费用，享受体育带来的好处。这种公平、包容的服务体系，可以有效缓解社会问题，从而维护社会的稳定。

此外，休闲体育服务体系的优化还有助于提升社区的公共安全系数。当社区成员更加健康、积极、和谐时，他们也将更关注并更积极地参与社区的公共安全事务，例如防火、防盗等。这种参与不仅可以增强他们对社区的归属感和责任感，也有助于提升社区的整体安全水平。

五、对社会经济发展的促进

休闲体育服务体系的优化不仅会对社区和居民产生积极影响，还会对社会经济发展产生重要的影响。通过提供优质的休闲体育服务，服务体系可以激发经济活力，促进就业率增长，推动相关产业的发展。

（一）增加消费需求

优化后的休闲体育服务体系可以满足居民对体育休闲的需求，激发人们的消费需求。通过提供多样化的体育项目和服务，吸引更多的居民参与，有效扩大了休闲体育服务的市场规模。居民参与体育活动所需的消费包括报名费、器材购买、场地租赁等，这些消费能够推动相关产业的发展，为社区和城市带来经济效益。

优化后的休闲体育服务体系提供了更多元化、更专业化的体育项目和服务，满足了居民对体育休闲的多样化需求。这使得更多的居民愿意参与体育活动，积极投入体育消费中。例如，社区可以组织各类体育赛事、健身课程、康复训练等，吸引居民积极参与，从而增加了居民体育消费的需求。休闲体育服务体系的优化也促进了相关产业的发展，创造了更多的商机。伴随着消费需求的增加，体育器材制造商、场馆建设公司、运动服装品牌等相关行业都会获得更多的商机。例如，随着健身热潮的兴起，健身房、瑜伽馆、游泳池等体育设施的建设和运营呈现快速增长的趋势。同时，相关商品的销售量也会随之增加，如运动鞋、运动服装、运动器材等。休闲体育服务体系的优化还可以促进体育旅游的发展，进一步扩大消费需求。通过举办体育赛事、体育培训等活动，举办地可以吸引外地参与者前来参与和观赏，推动当地旅游业的发展。体育旅游的发展不仅增加了社区和城市的知名度，还带动了住宿、餐饮、交通等相关产业的发展，为当地经济注入新的活力。

（二）促进就业率增长

休闲体育服务体系的优化对于就业率的增长具有积极的影响。随着休闲体育服务市场规模的扩大，需要更多的专业教练、管理人员、设施维护人员等支撑服务的运营。这将带动相关产业的就业机会增加，为社区和城市创造更多的就业岗位。同时，休闲体育服务体系的优化还可以培养和吸引更多的专业人才投身体育产业，推动人力资源的开发和利用。

休闲体育服务体系的优化扩大了相关产业的规模和人力资源需求，为待就业人员创造了更多的机会。随着体育设施的建设和运营、体育活动的组织和管理工作量的增加，需要更多从事相关工作的人才。这包括体育教练、健身教练、场馆管理员、赛事组织者等。通过提供专业的培训和发展机会，服务体系可以吸引更多的人才投身体育产业，为社区和城市的就业率增长作出贡献。优化后的休闲体育服务体系还能够提供更多的职业发展机会，吸引和激励人才投身体育行业。随着体育产业的发展，需要专业的管理人员、市场营销人员、体育科学研究人员等推动行业的繁荣。通过提供良好的薪酬待遇、职业发展路径和福利待遇，优化后的休闲体育服务体系可以吸引和留住更多的人才，进一步推动体育产业的繁荣。

（三）促进相关产业的发展

休闲体育服务质量的提升需要依赖设备器材供应、场地建设、应用技术等多个领域的支持。这将带动相关产业从业者的发展，包括体育器材制造商、场地建设商、技术服务商等。

优化后的休闲体育服务体系需要配备先进的体育器材和设备。这促使体育器材制造商不断进行技术创新和产品改进，以满足市场需求。随着休闲体育服务质量的提升，人们对于体育器材的需求也将增加，这将推动体育器材制造商销售额的增长，进而促进产业的发展。休闲体育服务体系的优化还需要充足的场地和设施供应。为了满足日益增长的体育活动需求，需要建设更多的球类运动场馆、健身房、游泳池等设施。这将带动场地建设行业的发展，增加相关产业的投资和就业机会。

（四）促进旅游业的发展

优化后的休闲体育服务体系可以成为吸引游客的重要旅游资源，通过举办体育赛事、提供多样化的体育活动和设施，吸引游客来到社区参与运动和休闲活动，推动旅游业的发展。

体育赛事的举办是吸引游客的重要方式之一。大型体育赛事如马拉松、足球比赛等能够吸引众多的参与者和观众，他们为社区带来了巨大的经济效益。游客来到社区参与或观看比赛，会带动当地住宿、餐饮、交通等服务业的需求增长，增加旅游收入和就业机会。休闲体育服务体系的优化也可以吸引游客参与体育活动，通过提供多样化的体育项目和设施，如健身中心、户外运动场地等，为游客提供丰富的体育体验。这将吸引更多的游客选择体育旅游，促进旅游业的发展。体育旅游还可以推动相关产业的发展，随着体育旅游的兴起，住宿、餐饮、交通等相关服务业也将迎来发展机遇。社区和城市可以利用体育旅游资源，开发特色旅游产品，增加游客的停留时间和消费额度，进一步推动当地经济的发展。

第五章　休闲体育服务体系
优化路径

在探索休闲体育服务体系优化路径的过程中，不同的环节扮演着各自的重要角色，相互之间密切关联，形成一条完整的优化链。对服务主体结构及其服务能力的优化，意味着构建高效、专业的服务团队，以确保服务的质量和效率。深化需求分析、优化服务内容和方式，需要全面理解消费者需求，以用户为中心，优化服务内容，创新服务方式，提升用户满意度。优化服务技术、推进设施技术创新，需要充分利用现代技术手段，如数据分析、人工智能等，提升服务效率和质量，驱动设施的技术创新。优化服务体系多方协作机制、提升服务效率，强调构建高效的协作平台，明晰协作规则，优化流程，以提升整体的服务效率。每个环节都需要精心打造，综合考虑，才能构建高效、优质的休闲体育服务体系。优化休闲体育服务体系的具体实践路径如图5-1所示：

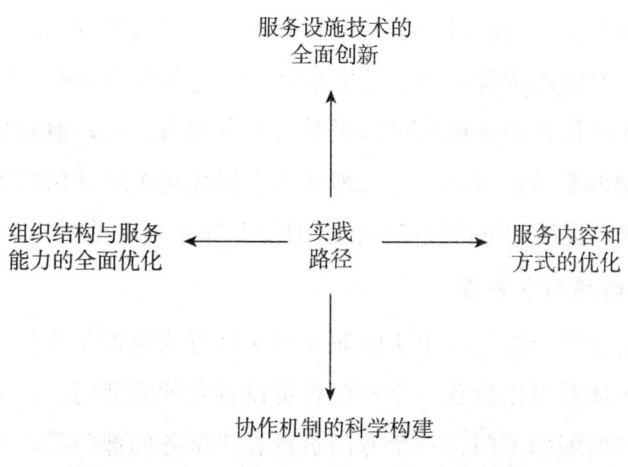

图 5-1 休闲体育服务体系优化的实践路径

第一节 优化服务主体结构及其服务能力

在今天激烈竞争和快速变化的环境中，"优化服务主体结构及其服务能力"已成为休闲体育服务体系提升核心竞争力的关键。为了实现这个目标，主管部门必须综合考虑优化组织结构、建立服务标准、强化员工能力和建立反馈机制这四个方面。优化组织结构有助于提高休闲体育服务体系的决策效率和响应速度；建立服务标准可以确保休闲体育服务体系所提供的服务达到一致的质量水平；强化员工能力则能够让休闲体育服务体系拥有提供高质量服务的能力；而建立反馈机制，可以让工作人员及时了解和调整服务的效果与质量。通过这四个方面的深度整合和持续改进，休闲体育服务体系可以实现服务主体结构的优化，同时提升其服务能力，从而在激烈的市场竞争中保持优势。

一、优化组织结构

一个合理、高效的组织结构能够明确划分人员职责，激励和培养领导者，提供足够的资源支持，并能够持续进行优化和调整。通过优化组织结构，休闲体育服务体系可以提升其服务能力，更好地满足人们对休闲体育活动的需求。因此，深入理解和重视优化组织结构的重要性，对于建立高效、灵活和可持续的休闲体育服务体系至关重要。

（一）明确划分职责

明确划分各个部门或团队的职责和工作范围应置于首位。例如，休闲体育服务体系可以设置一个专门负责设备管理的部门，一个专门负责人员培训和发展的部门，一个专门负责客户服务的部门等。这样，每个部门都可以专注于各自的工作，而不需要担心其他不相关的事情。而建立协调沟通机制也是优化组织结构的关键。服务体系可以通过定期召开部门之间的工作会议，促进信息的沟通和共享，也可以引入一些协同办公工具，如在线项目管理平台、即时通信工具等，方便部门之间的协作和信息交流。通过这样的机制，服务体系可以加强各个部门之间的联系，提高工作效率。此外，优化工作流程也是优化组织结构的一个重要方面。

可以对每个部门的工作流程进行分析和优化，减少不必要的环节和烦琐的操作，提高工作效率和质量。例如，在设备管理部门，可以建立一套规范的设备流转和维护流程，以确保设备的安全和正常运行。在人员培训和发展部门，可以设计一套科学的培训计划和评估体系，以提升员工的专业能力和业务水平。优化工作流程可以使整个组织更加高效地运转。与此同时，加强团队建设也是优化组织结构不可缺少的一部分。可以定期组织团队活动，加强员工之间的交流和合作，增强团队凝聚力。另外，可以设立一个专门负责员工关怀和福利的部门，关注员工的生活和工作需求，提供必要的支持和帮助，以增强员工的归属感和满意度。服务体系通过加强团队建设，可以提升员工的积极性和工作效能。

（二）激励和培养领导者

针对这一方面，具体实践操作需要注重三方面。一是培养领导者是优化组织结构的关键任务之一。优秀的领导者具备良好的领导能力和管理经验，能够指导团队成员实现组织的目标。为了实现对于领导者的培养，可以制定全面的培养计划，包括领导能力培训、管理技巧提升等方面的内容。此外，为员工提供学习和成长的机会也是培养领导者的重要手段，例如，让员工参加行业研讨会、培训课程等。服务体系还可以建立导师制度，由经验丰富的领导者指导和培养新人，传授经验和智慧。二是调动领导者和员工的积极性是优化组织结构的关键因素之一。建立公正和透明的晋升制度是一种重要的激励方式。通过明确的晋升标准和程序，为员工提供公平的晋升机会，鼓励员工展示自己的能力，激发员工的潜力。此外，建立奖励制度也可以激发员工的工作动力和创造力。服务体系通过给予优秀员工一定的奖励和认可，可以提升他们的工作满意度和投入度。三是需要注重员工的培养和发展。为员工持续提供学习机会和发展计划，帮助他们提升专业能力和业务水平。服务体系可以提供内部培训课程、外部学习资源以及跨部门交流的机会，以扩展员工的知识面和视野。关注员工的个人发展目标和职业规划，提供适当的支持和指导，促进员工的成长和进步。

（三）提供足够的资源支持

为了优化休闲体育服务体系的组织结构，足够的资源支持是十分重要的。每个部门都需要充足的人力、物力和财力，以顺利开展工作。管理者应该确保各部门人员的数量和技能组合的合理性，并关注员工的工作负荷和福利，以激发他们的积极性和动力。在人力资源方面，管理者应合理安排员工配备，确保每个部门都有足够的员工，以顺利完成工作任务。此外，管理者还应关注员工的工作负荷，避免过度分配任务，以确保他们能够充分发挥自己的能力。同时，关注员工的福利和工作环境，提供良好的待遇和发展机会，以留住人才并激发员工的工作热情。物质资源的充足供应对于各部门的顺利运作至关重要。管理者需要及时提供和更新各部门所需的设备、工具和材料，以确保员工能够顺利开展工作。管理者应建立有效的物资管理制度，科学管理物资库存，确保所需物资的及时供应。在此基础上，管理者还应优化采购流程，以降低成本并提高物资供应的效率。充足的资金支持是组织运作的重要保障。管理者应确保各部门获得足够的财力支持，以满足其正常运作和发展的需要。为了有效管理资金，管理者可以制定预算计划和控制措施，确保资金的合理分配和使用。同时，应当建立有效的财务报告和审计机制，以监控财务状况，确保财务资源的合规性和透明度。

（四）持续优化和调整

休闲体育服务体系组织结构的持续优化和调整是必不可少的。管理者应该定期评估和调整组织结构，以确保其能够适应不断变化的需求环境。在进行评估和调整时，管理者应当积极收集员工和客户的意见反馈。员工是组织结构的重要组成部分，他们对组织的运作和服务质量有着深入了解。通过与员工进行沟通和听取员工的意见，管理者可以了解员工对组织结构的看法，发现问题所在，并寻求改进的方向。同样重要的是，与客户保持密切的联系。客户是休闲体育服务体系的重要受益者，客户的反馈和意见对于优化组织结构十分重要。管理者可以通过客户满意度调查、投诉反馈等方式获取客户的观点和需求，从而了解客户对服务质量和组织结构的看法。这些反馈可以作为改进服务体系的参考，帮助管理者调整组织结构，提供更加符合客户需求的服务。基于员工和客户的反馈，管理者可以进行改进和调整。这可能涉及调整部门职责和工作流程，优化沟通和协作机制，以及适时调整人员配置等。管理者应采取积极有效的措施，解决问题并改善组织结构。经过这样的优化过程，组织结构将能够持续适应需求的变化，提供高效和优质的服务。持续优化和调整组织结构是休闲体育服务体系发展的关键环节。通过定期评估员工和客户的反馈，管理者可以识别问题并做出相应的调整。这样的持续优化过程可以确保组织结构始终处于良好的状态，为人们提供高效和优质的休闲体育服务。

二、建立服务标准

优化休闲体育服务体系组织结构及其服务能力的关键之一是建立明确的服务标准。通过确定服务目标、制定详细的服务流程、提供培训和指导，以及定期评估和更新服务标准，休闲体育服务机构可以确保提供一致、高效和优质的服务。以下内容将探讨如何建立和更新服务标准，以提升休闲体育服务的质量和效率。

（一）确定服务目标

建立服务标准是优化休闲体育服务体系组织结构的重要步骤之一。在此过程中，首先需要明确服务目标。管理者需要确定清晰的服务目标，以指导制定相应的服务标准。这些服务目标可以涉及多个方面，例如，提供高质量的设施、提供专业和友好的客户服务、提供多样化的体育活动和课程等。在确定服务目标时，管理者应充分考虑用户需求和期望。了解用户对休闲体育服务的要求和偏好，可以帮助管理者更准确地确定服务目标。例如，用户可能希望使用舒适、安全、卫生的设施，也很可能期望得到专业、友好和周到的客户服务，以满足自身的休闲体育需求。此外，用户可能对活动与课程的多样性和质量有一定的期望，希望拥有丰富的选择和有趣的体验。在制定服务标准时，需要将服务目标纳入考虑。服务标准应该明确地反映服务目标，并与之一致。例如，在设施方面，服务标准可以涉及设施的维护和管理，确保设施的良好卫生状态和正常运行，以提供高质量的使用体验。在客户服务方面，服务标准可以包括员工的专业培训、礼貌和乐于助人的态度，以及高效解决客户问题和需求的能力等。而在活动和课程方面，服务标准可以要求服务体系能够提供丰富多样的项目选择、优质的教学和指导，以满足不同用户的兴趣和需求。

（二）制定详细的服务流程

建立服务标准的关键之一是制定详细的服务流程，以确保每一步都能按照规定的方式进行，并达到预期的效果。服务流程的合理制定可以帮助管理者和员工清晰地了解各自的工作职责，并保证服务的一致性。在制定服务流程时，管理者应综合考虑休闲体育服务的特点和用户需求，以确保流程的实际可行性和用户满意度。例如，对于客户接待流程，可以规定员工在客户到达时应如何主动迎接和引导，提供必要的信息和帮助，以营造良好的第一印象。在服务介绍和推销方面，可以规定员工应如何清晰地介绍各项服务内容和优势，以满足客户的需求和期望。而在处理客户问题和投诉时，可以规定员工应如何妥善处理和解决用户诉求，提供满意的解决方案，以维护良好的客户关系。

为了确保服务流程的有效执行，管理者还可以制定相关的培训计划和标准操作程序。培训计划可以帮助员工熟悉服务流程，并掌握必要的技能和知识。标准操作程序可以提供详细的操作指南，指导员工如何按照流程进行实际工作，并达到预期的效果。通过培训和标准操作程序的引导，员工可以更好地理解和执行服务流程，提供质量和效果具有一致性的服务。制定详细的服务流程有助于提升休闲体育服务体系的服务质量和用户满意度。明确的流程规定了每一步的操作方式和目标，使员工能够清晰地了解自己的工作职责，并按照标准化的方式进行服务。这样可以确保服务的一致性，提供高质量的服务体验。同时，服务流程的合理制定也为管理者提供了监督和管理的依据，可以通过对流程执行情况的监控和评估，及时调整和改进服务标准和流程，以不断提升服务能力。

（三）提供培训和指导

为了确保员工能够遵守服务标准，管理者需要提供足够的培训和指导。员工培训是一种有效的方式，可以组织培训活动，提供有关服务标准的培训课程。此外，还可以提供在线资源，供员工自主学习和参考。一对一的指导也是帮助员工掌握服务标准的重要方式。除此之外，管理者还应确保员工有机会实践和应用所学的知识与技能。通过给予员工实际工作的机会，并及时评估和提供反馈，可以帮助员工提高工作水平和能力。因此，培训和指导对于员工了解和遵守服务标准至关重要。通过举办培训课程，员工可以学习有关服务标准的要求和操作流程。培训课程应该涵盖服务标准的各个方面，例如，设施管理、客户服务、活动组织等。此外，管理者还可以提供在线资源，如培训资料、视频教程等，这种灵活的学习资源共享可以帮助员工随时随地进行学习，并加深对服务标准的理解。并且在培训过程中，一对一的指导也非常重要。通过与员工进行一对一沟通和指导，管理者可以针对员工的具体情况和问题，提供实际的操作示范和建议。这种个性化的指导可以帮助员工更好地理解和应用服务标准，提高工作质量和效率。

（四）定期评估和更新服务标准

为了确保服务标准的有效性和进步性，管理者需要定期评估和更新服务标准。这样可以促使服务标准与服务目标保持一致，并适应不断变化的服务环境。服务标准评估可以通过多种方式进行，如收集客户的反馈意见、观察服务结果、分析服务数据等。其中，客户反馈是评估服务标准的重要依据之一。管理者可以主动向客户征求反馈意见，了解客户对服务质量和标准的看法。这可以通过客户满意度调查、定期的客户反馈会议或与客户进行面对面沟通等方式实现。通过客户反馈，管理者可以了解客户的需求和期望，并发现服务标准存在的问题或不足之处。并且观察服务结果也是评估服务标准的重要手段。管理者可以通过实际观察和检查，了解服务过程中的实际情况和服务效果。例如，观察员工在服务过程中的表现、设施的使用情况、服务交付的效率等。这样可以发现服务标准的执行情况，以及可能存在的改进空间。最后根据评估的结果，管理者可以进行相应的调整，以更新服务标准。这可能涉及对服务目标的重新定义，重新制定服务流程和操作规范，或者调整培训计划和资源配置。调整和更新服务标准的目的是确保其与服务目标和环境相适应，以提供更好的服务体验和满足客户的需求。

三、强化员工能力

在优化休闲体育服务体系组织结构及其服务能力中，强化员工能力扮演着非常重要的角色。通过专业技能培训，改善服务态度，激发员工潜能，以及定期评估与反馈，休闲体育服务机构能够提高服务的一致性和质量。以下内容将深入探讨如何通过这些关键要素提升服务体验，满足客户需求，并取得卓越的组织绩效。

（一）提供专业技能培训

根据休闲体育服务体系的具体服务范围和员工的职责，管理者需要制定并实施一套专业技能培训计划。对于不同岗位和职责的员工，管理者可以根据其需求和要求，制定相应的专业技能培训计划。例如，在休闲体育服务体系提供游泳课程的情况下，管理者可以为员工提供游泳教练相关的专业技能培训。这种培训可以包括游泳教学方法、安全措施、救生技巧等方面的培训内容。通过这样的培训，员工可以提升自己的专业水平，提供更好的游泳教学服务。还有一点需要提起高度重视，即：专业技能培训可以定期进行，以确保员工的知识和技能与行业发展保持同步。管理者可以安排定期的培训课程，邀请专业人士对员工进行培训，以传授最新的技能和知识。这样可以帮助员工不断提升自己，适应行业的变化和需求。同时，还可以根据具体的情况，或者根据员工的发展需求和兴趣进行培训。管理者可以根据员工的发展目标和职业规划，为员工提供个性化的培训机会和资源，帮助员工在专业领域获得更深入的专业知识和技能。除了传统的面对面培训，管理者还可以利用技术手段提供在线培训资源。管理者通过建立在线培训平台或提供在线教育资源，可以让员工根据自己的时间和需求，随时随地进行学习和培训。这种灵活性使得员工可以更好地平衡工作和学习，提升专业技能。

（二）改善服务态度

在强化员工能力的关键要素中，改善服务态度是非常重要的。员工的服务态度直接影响着服务质量的提升。管理者可以采取多种方式培养和改善员工的服务态度，具体包括三种方式。第一种方式是工作坊或培训活动。在这样的活动中，员工可以参与互动和学习，分享服务理念和重要的态度要素。通过案例分析、讨论和实际演练，员工可以更好地理解和掌握良好的服务态度。这样的活动可以帮助员工认识服务态度的重要性，并激发员工提供优质服务的动力。第二种方式是角色扮演。员工可以模拟不同服务场景中的角色，体验不同的情境和需求。通过角色扮演，员工可以展现友好、热情、耐心等积极的服务态度。这种实践可以帮助员工更好地理解客户的需求，并培养适应和满足客户需求的服务态度。第三种方式为一对一的指导。通过与员工进行个别沟通和指导，针对个人的优点和改进点，提供具体的建议和指导。这样可以帮助员工认识自身在服务态度方面的优势和不足，并提供相应的培训和指导，以进一步改善员工的服务态度。

（三）激发员工潜能

强化员工能力是休闲体育服务体系的重要任务之一。而激发员工潜能则是提升员工能力的有效方法之一。管理者可以通过设立激励机制，并提供各种奖励和职业发展机会，激发员工的潜能。激励机制可以采用多种形式，以奖励员工的优秀表现和卓越工作。例如，管理者可以设立奖金制度，根据员工的表现和贡献给予相应的奖金。这样的奖励可以是经济方面的回报，也可以是其他形式的激励，如额外的休假时间、员工表彰等。这些奖励可以激励员工保持较高的工作动力，同时也可以激发员工的潜能和创造力。除了直接的奖励，提供职业发展和晋升机会也是激励员工提升工作能力的重要途径。管理者可以制定明确的职业发展规划，为员工提供培训和学习机会，帮助员工提升专业知识储备和技能水平。同时，管理者可以设立公正和透明的晋升制度，为员工提供晋升的机会。通过这样的机制，员工可以有目标地努力工作，提升自己的能力，并为组织的发展做出更大的贡献。为了激发员工潜能，管理者还可以采用其他方式提升员工的工作动力和参与度。例如，可以建立团队合作和员工参与决策的机制，让员工感受到自己的重要性和价值，激发员工的创新思维和团队合作精神。管理者可以鼓励员工提出建议和改进意见，并给予适当的认可和奖励。通过这样的参与机制，员工可以充分发挥自己的潜能，为休闲体育服务体系的发展带来新的思路和动力。

（四）定期评估与反馈

定期评估和反馈是提升员工能力的关键环节。通过定期评估员工的表现和能力，可以了解员工在工作中的表现和进步情况。同时，向员工提供实质性的反馈，并要求员工根据反馈结果进行相应的调整和改进，以最大限度地促使员工发挥自身能力和潜力。其中，定期评估员工的表现和能力是促进员工持续发展的重要手段之一。管理者可以制定评估标准，根据员工的职责和工作要求，对其进行定期评估。这些评估指标可以包括工作绩效、专业知识和技能、团队合作等方面。通过评估，管理者可以了解员工的工作状态和发展需求，为后续的培训和发展计划提供依据。在评估的基础上，向员工提供实质性的反馈也是非常重要的。反馈应该具体、明确，并注重员工的优点和改进点。管理者可以与员工进行一对一的反馈会议，针对评估结果进行讨论和交流。向员工提供实质性的反馈，可以激励员工的自信心和积极性，同时也可以帮助员工更好地认识自身的优势和不足。除了提供反馈，根据反馈结果调整培训计划和激励机制也是很重要的。管理者可以根据评估和反馈的结果，对员工的培训计划进行调整和优化，以满足员工的发展需求，提升员工的工作能力。同时，也可以根据员工的表现和成绩，调整激励机制，为员工提供更具有激励性的奖励和机会，进一步激发员工的潜力和动力。

四、建立反馈机制

建立有效的反馈机制是优化休闲体育服务体系组织结构及其服务能力的关键之一。通过建立明确的反馈渠道、创建反馈处理流程、针对反馈进行响应，以及构建定期评估和改进的机制，休闲体育服务机构能够及时了解客户和员工的意见与需求，以提升服务质量和满足客户期望。接下来本书就针对如何借助这一机制持续改进服务体系组织结构和优化服务体验进行深入论述，以期帮助服务体系提高整体组织绩效。

（一）建立明确的反馈渠道

为了有效地收集客户和员工的反馈意见，管理者需要建立明确且方便的反馈渠道，以便客户和员工能够快速、便捷地提供反馈。一种常见的反馈渠道是在线反馈表格。通过在休闲体育服务体系的网站或应用程序上设置反馈表格，客户和员工可以方便地填写并提交他们的反馈意见。这种方式不仅可以节省时间和纸质资源，还能够快速记录和整理反馈内容，方便管理者进行分析和处理。另一种常见的反馈渠道是热线电话。通过设立专门的电话热线，客户和员工可以直接拨打电话，与专业的客服人员进行沟通并提供反馈。热线电话的优势在于能够提供实时的沟通和解决方案，以及更加个性化的反馈交流。这种方式尤其适用于一些紧急或敏感的问题，可以及时回应客户和员工的需求与关切。与此同时，设置专门的邮件地址作为反馈渠道也是一种常见的方式。通过设立专门的邮件地址，客户和员工可以随时将他们的反馈意见发送给管理者。邮件反馈具有灵活性和记录性强的特点，同时也便于管理者对反馈内容进行整理和分析。由此可见，无论是在线反馈表格、热线电话、邮件地址，还是其他渠道，都可以帮助管理者收集反馈意见，重要的是确保客户和员工了解这些反馈渠道的存在，并清楚地知道如何使用它们。管理者应该积极宣传和推广这些渠道，鼓励客户和员工积极提供反馈意见。同时，休闲体育服务体系应该建立一个高效的反馈处理机制，确保收到的反馈能够及时、准确地被处理和回复。

（二）创建反馈处理流程

该反馈处理程旨在收集、整理和分析反馈信息，并确保每一条反馈都得到适当的回应和处理。其间，应先设立一个专门的反馈处理小组。该小组负责收集、整理和分析反馈意见。小组成员可以定期收集来自客户和员工的反馈，并将其整理成可供分析的格式。通过对反馈主题和趋势的分析，反馈处理小组可以提取有价值的信息，为管理层提供参考和决策依据。为了确保每一条反馈都得到适当的回应和处理，建立一个跟踪系统是十分重要的。这个系统可以记录每一条反馈的来源、时间和内容，并指派责任人负责跟进和回应。管理者可以设立一个反馈处理流程，并明确各个环节的责任和时间要求。这样可以确保反馈得到及时的处理，并给予反馈提供者恰当的回应和解决方案。除了跟踪反馈的处理情况，还应该与反馈提供者保持沟通。一旦反馈内容得到处理，责任人应当及时向反馈提供者回复，并说明采取了哪些措施，以解决问题或改进服务。这种具有及时性的沟通和回应可以增强反馈提供者的信任感和满意度，并进一步促使他们继续提供宝贵的反馈。在建立反馈处理流程时，应注重流程的灵活性和高效性。流程应能适应不同类型和程度的反馈，并能及时处理紧急的问题。此外，流程中应设立适当的授权和审批机制，以确保决策的准确性和合理性，提高反馈提供者的满意度和参与度。

（三）针对反馈进行响应与实施行动方案

管理层应根据反馈处理小组的报告，讨论并决定相应的行动方案。这些行动可能涉及改变某个服务流程、提供更多的培训、改善设施等。一旦决定了行动方案，应尽快实施，并通过反馈渠道将这些改变告知相关人员。在反馈处理小组提供的报告基础上，管理层应召开讨论会，以讨论收集的反馈意见，并根据其内容和重要性确定相应的行动方案。这个过程需要多数管理层成员的参与和决策，以确保决策的合理性和可行性。一旦决定了具体的行动方案，管理层应尽快将其实施。这可能涉及制定新的服务流程、调整员工培训计划、进行设施改善等。行动方案的实施需要确保与相关人员进行充分沟通和协调，以便他们了解并适应新的变化和要求。与此同时，管理层还应通过反馈渠道将这些改变及时告知相关人员。这可以通过电子邮件、内部通知、会议等方式进行。通过向相关人员提供清晰的信息和指导，可以帮助相关人员理解并正确执行新的要求和流程。最后，为了跟踪和评估行动方案的效果，管理层还应建立相应的监测和评估机制，通过收集新的反馈意见、观察工作表现和分析数据等方式，及时了解行动方案的影响和效果，并根据实际需要进行进一步的调整和改进。通过响应反馈和实施行动方案，管理层可以有效地解决问题、改进服务，并提升休闲体育服务体系的整体运营质量。及时的行动和信息传达可以增强员工和客户的信任感，促使他们继续提供宝贵的反馈意见，并进一步加强合作关系。

（四）构建定期评估和持续改进的反馈机制

反馈机制的持续改进是确保休闲体育服务体系的服务质量和经济效益的重要方面。为此，管理者需要定期评估反馈机制，并根据评估结果进行必要的改进。具体实施流程如下。一是通过对收集的反馈进行统计和分析，了解反馈的数量是否充足，以及反馈中包含的信息的质量和价值。这有助于评估反馈机制的合理程度和反馈提供者的参与度。二是管理者可以关注反馈处理的时间和流程，以确保反馈能够及时得到处理和回应。同时，可以通过收集反馈提供者的满意度调查数据，了解反馈提供者对反馈处理过程的满意程度。这样的评估有助于发现反馈处理中的潜在问题，并采取相应的改进措施。三是定期召开反馈机制评估会议，在这样的会议上，管理者可以邀请员工、客户等各方参与，分享各方对反馈机制的看法和建议。这种定期的集体评估可以提供不同角度和深入的洞察结论，帮助管理者全面了解反馈机制的优点和不足之处。四是根据评估结果，管理者进行必要的改进和调整。例如，可以根据收集的反馈数量和质量，改变反馈收集方式，以吸引更多的反馈提供者参与。对于反馈处理的效率和满意度方面，可以优化反馈处理流程，提升处理速度和准确性。此外，通过定期的反馈机制评估会议，管理者可以收集各方的建议和意见，并根据需要对反馈机制进行改进。

第二节　深化需求分析，优化服务内容和方式

在休闲体育服务体系的优化路径中，"深化需求分析，优化服务内容和方式"是至关重要的环节。该环节涵盖了市场研究、数据分析、服务内容和方式优化、用户体验改善以及持续跟踪与调整等一系列动作，旨在准确捕捉用户需求，提供符合用户期望的服务，进而提升用户满意度。市场研究和数据分析能够帮助休闲体育服务体系深入了解用户的需求和期望，为服务内容和方式的优化提供重要的依据。服务内容和方式的优化以及用户体验的改善则是提升服务质量的核心，能够直接影响用户的满意度和忠诚度。而持续的跟踪与调整能够确保休闲体育服务体系的服务始终紧跟用户的需求变化，实现持续优化。因此，"深化需求分析，优化服务内容和方式"对于休闲体育服务体系的优化具有不容忽视的重要性。具体操作流程如图 5-2 所示：

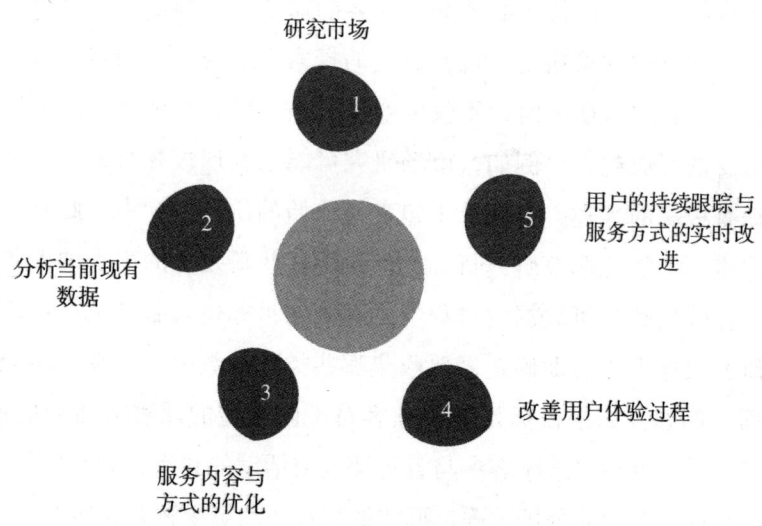

图 5-2　通过深化需求分析实现优化服务内容和方式的实践操作流程

一、进行市场研究

在深化需求分析、优化休闲体育服务内容和方式的过程中，进行市场研究是一个非常重要的环节。通过明确研究目标、选择研究方法、设计和执行研究，以及进行数据分析和报告，休闲体育服务机构可以深入了解目标市场的需求、趋势和竞争情况，为服务内容和方式的优化提供有力支持。以下内容将重点探讨如何运用市场研究的方法和工具获取准确的市场信息，以指导休闲体育服务的改进和创新。

（一）明确研究目标

毋庸置疑，研究目标是市场研究的基石，为整个研究过程提供了明确的方向。其中，设定的目标可能涵盖了解顾客偏好的各个方面，例如，通过市场研究一方面想要了解各种类型的课程或活动中，顾客更倾向于选择哪些类型。另一方面，可能也想了解顾客更愿意在哪些时间段参加体育活动。这样的目标可以为设计研究问题，收集数据以及分析结果提供明确的指引。了解顾客的具体需求，可以帮助体育服务体系提供优化服务内容的路径，以便更好地满足顾客的需求。在制定研究目标的过程中，有一种可行的策略是通过开放式的探索，发现潜在的客户需求。这意味着在进行市场研究时，不仅要明确具体的研究目标，还需要保持对未知信息的开放包容。例如，市场研究可能会发现顾客对某一新型课程或活动有极高的兴趣，但这并未包含在原始的研究目标中。此时市场研究主体需要灵活地调整研究目标，以便将这些新发现的需求纳入研究范围内。在收集和分析数据的过程中，明确的目标也将起到关键作用。明确的研究目标可以帮助确定需要收集哪些类型的数据，以及如何分析这些数据。例如，如果目标是了解顾客对不同类型的课程或活动的偏好，那么可能需要收集关于顾客参与各种课程或活动的频率、满意度等数据，并通过对这些数据的分析，确定哪些课程或活动更受顾客欢迎。

（二）选择研究方法

有了明确的研究目标，并充分了解可用的资源之后，市场研究主体能够更准确地确定适合的研究方法。问卷调查是一种常用的市场研究方法，可以有效地收集大量的定量数据。这种方法具有高效性和广泛性，能够覆盖大量的顾客，同时方便市场研究主体对于收集的数据进行统计分析。例如，可以通过问卷调查了解顾客对不同类型课程的偏好，或者了解顾客对不同时间段活动的喜好程度。

相比之下，面对面访谈和焦点小组讨论则更注重收集深度的定性信息。这些方法可以提供更深入了解顾客的心理、动机、态度和行为的机会。例如，通过焦点小组讨论，可以了解顾客对课程内容、教练表现、设施环境等方面的详细感受和建议，这对于优化服务内容和方式具有重要的指导意义。还有一点需要得到高度重视，即：在某种情况之下，单一的定量或定性研究方法可能无法满足市场研究的需求，这时可以考虑使用混合研究方法。混合研究方法结合了定量和定性的优点，可以同时获得数量庞大的数据和深度的定性信息，从而为决策提供全面的支持。

（三）设计和执行研究

深化需求分析与优化服务内容和方式的过程中，进行市场研究是关键，其中，设计并执行研究的步骤更是至关重要的。具体而言，应当根据已选定的研究方法，设计出相应的研究工具。例如，如果选择的是问卷调查，就需要设计一份问卷。问卷应当包含具有针对性的问题，并覆盖研究的各个方面，以收集所需的信息。这些问题的设计必须考虑语言表述的清晰度、问题逻辑的严谨性以及问题内容的实际性，以确保受访者能准确理解问题意图，并愿意提供真实有效的答案。如果选择的是面对面访谈或焦点小组讨论，应当编写出一份详尽的访谈指南，列出访谈的主题、问题及可能的追问，使得访谈在保持开放性的同时，又不偏离研究的主要方向。访谈指南的设计应当细致入微、有条不紊，引导访谈者与受访者展开深度对话，促使受访者提供更丰富的信息。在设计好研究工具后，就要开始进行数据收集。数据收集的方式有多种，如邮件、电话、网络调查，或者直接面对面进行市场研究主体选择哪种方式主要取决于具体的研究需求、目标受访者以及资源条件。例如，邮件和网络调查适用于需要大量数据的定量研究，而电话访谈或面对面访谈更适用于需要深入了解情况的定性研究。无论选择哪种方式，都要确保数据的真实性和可靠性，尽可能减少误差和偏见的影响。

（四）数据分析和报告

在深化需求分析和优化服务内容与方式的过程中，市场研究的任务之一是对已收集的数据进行分析和报告。这是一个关键步骤，分析数据并形成报告的要点是确保理解数据所揭示的模式和趋势，并有利于市场研究主体据此采取行动。在数据分析阶段，针对收集的数据类型和性质，选择合适的分析工具是至关重要的。对于定量数据，可能需要依赖专门的统计软件进行数据处理，如 SPSS、R 或者 Excel 等，以便进行深度挖掘，寻找数据间的关联性。这种分析可以帮助是常规研究主体找出各种模式、趋势，印证或者推翻测试假设等，为决策提供依据。

对于定性数据，可能需要通过内容分析，理解并解释数据背后的含义和洞察结果。这可能包括对访谈记录的深度阅读、对观察记录的整理和分类，甚至对文本数据的主题编码等。这种分析能够提供更深入、更富有情境感的信息，帮助市场研究主体更好地理解需求和行为。数据分析完成后，接下来是编写研究报告。研究报告应详细、准确地总结研究的过程、方法和结果，阐述数据背后的含义，解释找到的模式和趋势。报告中，应特别强调如何根据这些研究结果优化服务内容和方式，包括改进现有服务、开发新服务、调整服务流程等。报告的目标是向决策者传达信息，为优化服务提供数据支持。整个数据分析和报告的过程，都需充分展现数据的价值，利用数据揭示市场需求，以数据驱动服务优化，达到改善用户体验、提升服务效率的目标。

二、数据分析的具体步骤

在深化需求分析、优化休闲体育服务内容和方式的过程中，数据分析是一个关键环节。通过数据清洗、探索性数据分析、深入数据分析以及结果解释和报告，休闲体育服务机构可以从大量的数据中提取有价值的见解和洞察结构，帮助自身更好地了解客户需求、行为和偏好，以及优化服务内容和方式。接下来就重点探讨如何有效地进行数据清洗和分析，以支持决策制定和服务改进，从而提升休闲体育服务的质量和客户满意度。

（一）数据清洗

在休闲体育服务体系深化需求分析和优化服务内容与方式的过程中，需要深入的数据分析。在这之前，首要任务是对原始数据进行清洗，以保证数据的准确性、完整性和一致性，避免因数据质量问题对最终结果造成偏差。其间，原始数据的全面检查应放在首要位置。检查错误的数据，包括识别和修正拼写错误、逻辑错误或格式错误。例如，如果某项体育活动的时间记录为负数，或者某项活动预计参与人数明显与实际参与人数不同，这都是明显的错误，需要进行更正。在此之后，处理缺失值也是数据清洗的重要部分。对于缺失的数据，需根据其性质和缺失的程度，决定是需要进行填补还是删除。例如，如果某项数据的缺失程度较高，且填补的方法无法确保准确性，可能需要将该项数据删除；如果某项数据的缺失程度较低，且可以通过其他相关数据进行估计，那么填补缺失值就是一种可行的选择。随后要对数据的一致性进行检查，数据一致性指的是不同数据源中的同类数据是否一致，或者同一数据源中的数据是否随时间变化而保持一致。如存在不一致的情况，可能需要进行适当的调整，以保证数据的准确性。

（二）探索性数据分析

在休闲体育服务体系的优化过程中，深化需求分析和优化服务内容与方式需要借助数据分析。在数据清洗之后，探索性数据分析是必不可少的一步，其目的是通过对数据进行初步的观察和分析，掌握数据的主要特征和结构。在探索性数据分析中，常用的一种方法是计算基本的统计量。例如，针对一项体育活动的参与人数，可能需要计算其平均值，以了解平均每次活动的参与人数。同样，也可能需要计算中位数，了解大部分活动场次的参与人数。标准差则可以反映活动参与人数的波动程度。这些统计量都能提供关于数据主要特征的重要信息。不可否认，绘制图表也是一个有效的方法。条形图可以直观地展示不同项目类别之间的差异，如不同类型体育活动的平均参与人数。箱线图可以展示数据的五数概括（最小值、第一四分位数、中位数、第三四分位数和最大值），直观反映数据的分布情况。散点图可以展示两个变量之间的关系，如活动时间与参与人数之间的关系。最后，还需要检查数据的分布和相关性。例如，可以通过直方图或密度图检查体育活动参与人数的分布情况，观察是否接近正态分布，或者有无明显的偏态。相关性分析可以帮助市场研究主体理解变量之间的关系，如体育活动的种类与参与人数之间是否存在明显的正负相关关系。

（三）深入数据分析

在休闲体育服务体系的优化过程中，要想深化需求分析和优化服务内容与方式，市场研究主体在完成了数据清洗和探索性数据分析后，就应当进一步进行深入的数据分析，以回答更具体的研究问题。这里可能会涉及各种统计模型和算法的使用，如线性回归、决策树、聚类分析等，而选择适当的模型和方法就显得尤为关键。以线性回归为例，如果存在一种假设，即体育活动的参与人数与活动举办的时间或者其他可能的影响因素之间存在线性关系，那么就可以使用线性回归模型验证这种假设，并预测未来的参与人数；或者推翻这种假设。如果数据分析表明活动时间与参与人数之间确实存在显著的线性关系，那么就可以根据这个模型调整活动时间，以吸引更多的活动参与者。又如决策树，这是一种用于分类或回归的模型，能够处理各种类型的数据，包括分类变量和连续变量。例如，可以使用决策树模型预测一个人是否愿意参加某项体育活动，需要输入的变量可能包括个体的年龄、性别、工作情况、体育爱好等。再如聚类分析，这是一种无监督学习方法，可以将具有相似特性的对象划分为同一类。例如，可以通过聚类分析将全体客户分为几个群体，然后为每个群体设计定制的服务。这种方法可以帮助休闲体育服务体系更好地理解客户的需求和偏好，从而优化服务内容和方式。

（四）结果解释和报告

数据分析的最后阶段，需要管理者解释分析结果，并转化为可以被更多人理解的信息。这需要将复杂的统计结果转化为有意义的解读，以便决策者、工作人员或是其他利益相关者理解。将深奥的数据分析结果转化为通俗易懂的语言，而不仅仅是停留在数据和统计分析的表述，是这一阶段的关键任务。在解释结果的过程中，管理者需回答几个关键问题：数据表明了什么？这些数据和实际业务有何关联？这些结果如何影响服务内容和方式的优化？例如，如果数据分析表明某个时间段的体育活动参与人数最多，那么可以建议将更多的资源投入这个时间段，或者在这个时间段推出更为多样化的活动。之后的报告编写是将数据分析结果形式化的重要步骤，也是向利益相关者传递信息的主要途径。报告需详细概述分析过程，总结重要发现，解释其对服务优化的意义，并提出具体的改进建议。报告的形式可以根据需求定制，可能包括文字、图表等。最后还要注意，报告中的建议应基于数据分析结果，并与实际业务情况相结合。例如，如果数据分析结果显示，某种新推出的体育课程受欢迎程度较高，那么可以建议继续增加该课程的开设频率，或者设计与之相似的其他课程。

三、服务内容和方式的优化

在深化需求分析、优化休闲体育服务内容和方式的过程中，服务内容和方式的优化是至关重要的。通过创新服务内容、灵活调整服务方式、提供个性化服务和关注服务体验，休闲体育服务机构可以更好地满足客户的需求和期望，提供与众不同的服务体验。以下内容重点探讨如何通过创新和灵活调整，提升服务的质量与价值，以满足不断变化的需求和不同客户群体的偏好，从而实现服务的持续改进和客户忠诚度的提高。

（一）创新服务内容

依据数据分析的结果，休闲体育服务机构能够洞察客户的需求和偏好，能引导服务内容的创新。数据分析常常能揭示客户未被满足的需求，也可能揭示一些新兴趋势。例如，如果从数据中发现客户对新兴休闲体育活动，如户外冒险游戏、瑜伽等有浓厚兴趣，那么考虑开设此类课程或活动就非常必要。

在这里，有三点需要提起高度重视：第一，服务内容的创新不仅仅局限于开设新的课程或活动。它也可以是改进现有的服务内容，如调整课程的时长、教学方式、教材等，让这些要素更符合客户的需求和偏好。服务内容的创新可能还包括引入新的技术或工具，以提高服务的效率和效果，或者改善客户体验。这种创新可以根据客户的反馈进行，也可以基于对市场和技术趋势的预测。第二，服务内容的创新还需要依据休闲体育服务机构的能力和资源进行。考虑开设新的课程或活动时，必须确保有足够的资源和能力支持这些新的服务，例如有适合的场地，有合适的教练，有足够的设备等。同时，也需要考虑新的服务是否能够持续的提供，是否有稳定的客户需求。第三，通过创新服务内容，休闲体育服务机构不仅能够满足客户当前的需求，也能预见和引导未来的需求。这是提升服务质量，增加客户满意度和忠诚度，以及保持休闲体育服务机构竞争力的重要策略。

（二）灵活调整服务方式

在客户需求的指引下，服务方式的灵活调整显得十分重要。这可能涉及开放时间的调整、提供更具个性化的服务，或者根据客户的反馈改变服务的流程。例如，如果从数据分析中发现客户更喜欢在工作日的晚上或周末进行体育活动，那么可以考虑延长工作日的营业时间，或者开放周末的全天候服务。这样的调整能够提高客户的满意度，也有可能吸引更多的新客户。而在服务形式的多样化方面，如果数据显示客户更倾向于一对一的指导，那么增加个人训练服务可以作为一种有效的调整方式。这不仅能满足客户对个性化服务的需求，还能提升服务的价值感。另外，休闲体育服务体系不应仅仅局限于现有的服务形式，还可以考虑引入新的服务模式。例如，可以引入在线预约系统，让客户可以更方便地预约课程或活动。也可以考虑引入新的技术，如虚拟现实，让客户在家中也可以体验高质量的服务。在调整服务方式时，需细心注意各种变动可能带来的影响，如可能需要增加的成本，可能需要的新设备，可能受到的法规限制等。调整的结果应该是提高服务质量，增加客户满意度，而不是增加客户的困扰。

（三）提供个性化服务

个性化服务的提供，是优化服务内容和方式中不可或缺的一环，因为每位客户都有自己独特的需求和偏好。这种个性化的服务形式，将使客户感受更为贴心和专业的服务，从而提升客户体验，深化客户对品牌的认同感和忠诚度。在这里，做到深化需求分析，透彻理解每位客户的独特需求是关键。例如，客户在技能水平、健康状况、训练目标等方面可能存在差异。管理者可以通过专业的评估工具和程序，了解客户在这些方面的具体情况，然后根据这些情况提供个性化的服务。根据客户的不同技能水平，管理者可以设定不同级别的课程，从初级到高级，让每位客户都能找到适合自己的课程。对于具有特殊需求或者偏好的客户，管理者还可以提供定制的课程或活动。例如，针对一些健身者，可以设计定制的健身计划，包括饮食、运动和休息等方面的建议，以帮助这些客户达到健身目标。然而，这也可能带来一些挑战，例如，如何保证定制服务的质量，如何有效地管理和调度资源，如何保持服务的经济效益等。因此，管理者在实施个性化服务的同时，也需要考虑如何解决这些问题。

（四）精细化管理服务环节

服务内容和方式的优化，涉及对每一项服务环节的细致关注和精细管理，从而提升客户满意度，增加客户忠诚度。此种优化的目标不仅在于提供更多的课程或活动，更在于实现服务过程中的高效率、高质量和高满意度。其中，场馆环境的优化是一种关键方式，能让客户在使用服务时充分享受舒适和便利。这可能涉及场馆的清洁程度、温度、湿度、照明、噪声等环境因素，也可能涉及场馆内部的布局、导视系统、休息区等设施。每一个细节都可能影响客户的感知和体验，因此需要细致考虑和精心设计。与此同时，设备质量同样是影响服务体验的重要因素。高质量的设备不仅可以提供更好的性能，也能让客户感到安全和舒适。对设备的定期维护和更新，能确保设备的正常运行，减少故障发生，从而提升客户的满意度。除此之外，优质的客户服务是提升服务体验的另一种重要方式。热情友好的服务态度、专业高效的服务技能、周到细致的服务流程，都能让客户感到愉悦和满足。管理者需要对客户服务的各个环节进行规范和监控，确保每位客户都能得到优质的服务。

四、用户体验改善

用户体验改善是深化需求分析和优化服务内容与方式中同样不可或缺的环节。通过环境优化、服务流程优化和交互优化，休闲体育服务机构可以提供更好的用户体验，从而增强客户的满意度和忠诚度。以下内容就重点探讨如何通过优化环境、优化服务流程和提升交互体验，实现对于用户体验的持续改善。通过深入的需求分析和对用户行为与反馈的解释，休闲体育服务机构可以针对用户的需求和期望进行有针对性的改进，提供更加舒适、便捷和个性化的服务，为用户带来更加愉悦和满意的体验。

（一）环境优化

环境优化在改善用户体验中占据着关键的位置，环境决定了用户对服务过程的第一印象和整体感受。无论是场馆的清洁度、照明、温度，还是声音等环境因素，都将直接影响用户的感知和体验。主要原因有三点：一是场馆的清洁度直接关系到用户的舒适度和安全感。通过投入资源进行定期和彻底的清洁工作，保持场馆卫生，能够确保用户享受服务时的基本卫生需求得到满足，同时也能增强用户对场馆的好感度。二是照明对于创建舒适的环境同样重要。管理者应确保场馆内的光线充足且舒适，避免过强或过弱的光线给用户的视觉带来不适。此外，特殊的照明设计也可以用来营造特定的氛围，从而提升用户的体验。三是温度和声音也是影响用户体验的重要因素。合适的温度能够让用户在进行体育活动时感到舒适，休闲体育服务机构应注意避免因场馆温度过高或过低影响用户的感受。而声音环境则更能影响用户的情绪和注意力，恰当的音乐选择与声音控制能够在无形中提升用户的满意度。为了提升这些硬件设施，需要有针对性地资源投入。这可能包括购买更好的清洁设备，提升清洁人员的能力和效率，更新照明设备，调整温控系统，以及引入噪声控制技术等。只有在这些关键的环境因素得到充分优化之后，用户在享受服务时才能拥有一个舒适、满意的环境。

（二）服务流程优化

服务流程优化对于提升用户体验有着至关重要的影响，这不仅涉及实质性的服务内容，还包括如预约、签到、设施使用、结账等每个环节。

从用户第一次接触服务内容到结束体验的整个流程中，便利性和高效性的提升都可以增加用户满意度和忠诚度。在预约服务过程中，无论是通过电话，还是网络预约，都应该让用户感到流畅和方便。现代技术手段的使用，比如开发预约 App，可以使用户在任何时间、任何地点都能够方便快捷地预约，极大地提升了预约的便利性。

签到过程也是关系到用户体验的重要环节。自助签到设备的引入，可以避免人工签到可能出现的等待问题，确保用户可以快速顺利地进入场馆。同时，这种方式也减轻了前台工作人员的工作压力，使前台工作人员有更多的时间和精力提供其他的服务。在使用设施的过程中，有关工作人员应确保所有的设施都保持良好的工作状态，对于任何设备的故障都能够迅速响应和处理，以减少对用户体验的影响。结账过程是关系到消费过程用户体验的最后环节，但同样重要。通过技术手段，例如移动支付，可以让用户在结账时更加方便快捷，避免了因为只能现金交易可能带来的不便。

（三）交互优化

在用户享受服务的过程中，良好的交互体验能够提升用户满意度，增强用户对服务的信任度。经过培训的工作人员可以提供更友好、更专业的服务，是交互体验优化的重要部分。在服务过程中，工作人员的态度、专业知识、解答疑问的能力等，都对用户体验产生直接影响。管理者应定期对工作人员进行服务态度和技能方面的培训，确保工作人员在接触用户时能够表现得专业和热情。而提升用户在各类交互系统的操作体验，也是提升用户体验的关键。如预约系统、支付系统等，用户在操作过程中的感受，直接影响用户对服务的满意度。应考虑使用对于用户友好的设计，简化操作步骤，增加用户指南，帮助用户更容易理解和使用各种系统。例如，预约系统应提供清晰的课程信息和预约指南，让用户可以轻松查找并预约课程；支付系统则应支持多种支付方式，并确保支付过程安全、快速。

五、持续跟踪与调整

就深化需求分析和优化服务内容与方式的过程而言，持续跟踪与调整是这个过程的最后一个环节。其间，通过设置评估指标、定期进行数据收集、分析和解读数据，以及执行调整方案并检查调整效果，休闲体育服务机构可以不断了解用户需求的变化和服务的，并据此做出相应的调整和优化。这种持续跟踪与调整的机制使得服务机构能够紧密关注用户反馈和市场动态，及时发现问题并采取行动，以确保服务内容和方式的持续优化。通过数据分析驱动的决策和持续循环的改进措施，休闲体育服务机构可以提升用户满意度，增强服务的竞争力，实现持续发展和创新。

（一）设置评估指标

评估指标设置应详尽而深入，涉及用户满意度、用户留存率、用户参与度等多个维度，为休闲体育服务机构提供富有洞察力的信息源。具体而言，用户满意度是衡量服务质量的重要指标之一，需要定期进行调查并进行详细的分析。利用问卷调查、在线反馈等多种方式，深入了解用户对于服务内容、服务过程、服务效果的满意程度，了解在哪些方面具有优势，哪些方面需要改进。

而用户留存率则能反映用户对服务的黏性和忠诚度。通过跟踪分析用户使用服务的频率、时长、用户活跃度等数据，可以了解用户的使用习惯和偏好，以便调整服务内容和方式，提高用户的留存率。用户参与度的高低则能够反映用户对服务的热情程度。通过测量用户参与活动的频率、强度、持续时间等，可以了解用户对服务是否有足够的兴趣和热情，这对于维持用户对服务的积极态度和推动服务的持续优化具有重要的意义。

（二）定期进行数据收集

在设定评估指标之后，接下来的工作就是定期收集反映这些指标的数据，以便持续跟踪和调整服务。各类数据的收集是服务优化的关键环节，为全面了解服务表现提供了详尽的资源。其间，有多种方法可以用来收集数据，如用户调查、观察、访谈以及使用数据跟踪工具等。用户调查是一种常用的数据收集方法，例如在线调查、问卷调查等，通过主动询问用户对服务的满意度、需求和建议，得到直接且具体的反馈。观察是一种更为直观的数据收集方式，适合收集用户在使用服务过程中的行为数据。观察者可以从一定程度上了解用户的实际需求，特别是那些用户自己可能都没有意识到的需求。访谈则可以深入理解用户的观点和感受，通过对话的方式，获取更具深度和广度的信息，使得工作人员更深入地了解用户的需求和期望。使用数据跟踪工具是一种更为现代化的数据收集方式，可以系统性地收集和整理用户的行为数据，为服务的持续优化提供翔实的依据。

（三）分析和解读数据

数据的收集只是利用数据资源优化服务的第一步，收集的数据还需要经过工作人员深入地分析和解读，才能帮助管理者和相关工作人员全面、深入地了解服务的现状、识别存在的问题、发现优化机会，从而制定出更有效的服务改进策略。其中，数据分析能够帮助管理者和工作人员看到服务的实际情况，精准识别服务中存在的问题和短板，例如，某一服务的用户满意度下降，或者某一服务的用户使用频率减少等。这些问题和短板是优化服务需要关注的重点，对其进行改进可以有效提升服务质量。除了发现问题和短板，数据分析还可以帮助管理者和工作人员发现服务优化的新机会，例如，用户对某一服务的需求增长，或者某一服务的使用频率上升等。这些机会是优化服务的突破点，通过抓住这些机会，休闲体育服务机构可以进一步提升服务质量，提高用户满意度。另外，对比历史数据是理解服务变化和未来趋势的重要方法，例如，对比不同时期的用户满意度、用户使用频率等数据，可以了解服务质量的变化和未来趋势。理解服务变化和未来趋势，对于管理者和工作人员来说，有助于其做出更明智的决策，更好地满足用户的需求。

（四）执行改进方案并检查调整效果

根据对数据的深入分析和解读，应当立即将必要的改进方案付诸实践，这些调整可能涉及服务流程的改进、用户体验的优化等各个方面。在理解问题所在和可能的改进方向后，管理者和相关工作人员需要制定具体的改进方案，并将其在实际服务中实施。例如，如果发现服务流程存在烦琐的步骤，阻碍了用户的顺利使用，就应调整服务流程，使其更为简便高效。

但是，执行调整方案也只是优化服务的一部分，而真正重要的是在执行方案之后，对调整的效果进行检查，确认是否达到了预期的效果。评估调整效果的方式应当与之前收集数据、设定评估指标的方式相适应，以确保评估的准确性。例如，如果之前设定的评估指标是用户满意度，那么在执行调整后，也应通过用户满意度评估调整的效果。在评估调整效果的过程中，如果发现调整效果不佳，或者没有达到预期的效果，就应及时进行反思，找出问题所在，再次进行调整。如果发现调整效果良好，那么就可以在服务中持续执行这些调整，进一步提升服务质量。

第三节　优化服务技术，推进设施技术创新

在深入探讨休闲体育服务体系优化路径的过程中，"优化服务技术，推进设施技术创新"无疑是不容忽视的环节。这一环节涵盖对最新技术趋势的追踪理解，对先进设备工具的接纳，利用科技手段改进服务流程，利用数据技术驱动决策，以及鼓励员工对新技术熟练运用等。科技的运用及其创新性，不仅可以推动服务模式的革新，也能提升服务体验，从

而使服务机构在竞争中获得优势。服务流程的优化可以利用数据驱动决策，使决策更具有针对性和实效性。对员工进行新技术运用培训，使得技术工具能够更好地为服务效率和品质提升作贡献。所以说"优化服务技术，推进设施技术创新"是构建高效、高品质休闲体育服务体系不可或缺的一部分。具体实践流程如图5-3所示：

图5-3　休闲体育服务体系实现技术创新的实践流程

一、跟踪并了解最新的技术趋势

在休闲体育服务体系全面推进设施技术创新的路径中，跟踪并了解最新的技术趋势应置于首位。通过订阅报告、参与行业会议、建立行业网络和关注科技公司，休闲体育服务机构能够及时掌握行业的最新动态和前沿技术。这为机构提供了宝贵的见解和灵感，促使其不断创新和提升设施技术，以提供更卓越的服务体验。通过与行业内的领导者和先驱者合作，共享成功的实践经验，机构能够立于技术创新的前沿，为用户提供更先进、高效和便捷的服务。

（一）订阅专业刊物和购买报告

在追求服务优化和设施创新的过程中，对最新技术趋势的理解与掌握显得尤为重要。为了达成这个目标，订阅专业的体育科技杂志、新闻通讯栏目，甚至购买行业报告，成了管理者和工作人员获取重要信息的有效方式。这些专业资源的内容，通常由行业内的专家和观察者倾力创作，他们的观点往往深入而专业，能够提供诸多有益的指导。利用这些专业的信息来源，团队成员可以掌握最新的技术发展和技术应用，更好地理解目前行业内的趋势，包括哪些技术正在被广泛应用，哪些技术已经相对落后，哪些新兴技术正在崭露头角等。同时，这些资源也可能提供对于特定技术的深度分析，比如，技术是如何影响用户体验的，是如何改变服务模式的，是如何提升运营效率的。定期阅读这些专业刊物和报告，不仅可以使管理者和工作人员了解最新的技术信息，还可以使他们更好地理解技术的发展方向，以便在实际工作中做出明智的决策。在具体实践中，他们可能会因此采用某种新的技术，改变服务模式，或者将某种技术应用到对设施的改进中，从而提高服务质量，优化用户体验，提升运营效率。

（二）参加行业会议和展览

参加行业会议和展览使得管理者和工作人员能够直接接触行业的前沿技术和设备。这些场合展示的科技产品，无论是硬件设施，还是软件应用，都是技术发展的真实体现，能够让团队了解技术进步带来的实际变化。例如，展览现场可能有一种新型的健身设备，它采用了先进的传感技术和人工智能算法，能够根据用户的体形和力度，自动调整训练的难度和方式。在展览中，工作人员不仅可以看到这种设备的实际效果，还可以和制造商进行交流，了解其工作原理和使用方法。同时，行业会议和展览也是听取行业专家观点、了解行业动态和未来趋势的好地方。这些专家的演讲，往往能够提供独到的视角，揭示技术发展的深层规律。例如，行业会议中可能有一位专家在演讲中指出，未来的健身场馆将更加依赖于数据分析和个性化服务，这将对管理者和工作人员如何采用新技术，提供有价值的指导。参加行业会议和展览，看到最新的产品展示，听到行业专家的演讲，不仅可以使管理者和工作人员了解最新的技术和设备，还可以帮助他们了解行业的动态和未来趋势，为优化服务技术，推进设施技术创新提供宝贵的信息和思考方向。

（三）建立行业网络

建立行业网络是管理者和工作人员获取第一手行业信息、了解技术前沿动态的有效方式。拥有广泛的行业联系，可以让团队从多角度、多层面了解行业的新动向和最新技术。与同行、专家、供应商等的交流，可以使团队及时了解最新的技术发展和市场变化，从而根据这些信息进行必要的技术更新和业务调整。例如，团队可能在与一位供应商的交流中，了解到一种新型的设备管理系统。这种系统使用先进的传感技术，能够自动监测设备的状态，并及时提醒工作人员对设备进行维护和维修。这种系统可能会极大提高设备的管理效率和使用寿命，对提升服务质量和降低运营成本有极大的帮助。同时，行业网络中的联系不仅可以提供有价值的信息和洞见，还可能带来新的合作伙伴。例如，一个运动科技公司可能正在寻找试点场馆，以测试新产品或服务。通过行业网络，团队可以发现这种合作机会，并尝试与这家公司合作，引入最新的技术和设备。

（四）跟踪相关科技公司和研究机构

科技公司和研究机构是全球科技创新的主要来源，特别是在体育科技领域，科技公司和研究机构的研究和开发活动往往能引领行业的技术发展。关注这些组织及其研究成果、新闻发布、新产品开发动向等，无疑是了解最新科技趋势的重要方式。许多科技公司和研究机构都会定期发布新闻和报告，介绍自身的最新研究成果和新产品。这些信息可以通过官方网站、社交媒体、新闻报道等渠道获取。从中，管理者可以了解这些组织正在研究什么问题，开发什么新产品，以及这些组织在技术上取得了什么进步。

专利信息是了解最新技术趋势的另一个重要来源。科技公司和研究机构的专利申请，往往是最新技术研发的直接反映。管理者可以通过专利信息，了解这些组织在什么技术领域有所突破，什么样的新技术即将面世。这对于预判技术发展趋势、及时进行技术创新具有重要价值。另外，某些技术导向型的公司和机构，其开源代码、Api 文档、技术白皮书等资料，也可以为管理者提供深度的技术洞见。通过对这些信息进行学习和理解，可以进一步帮助休闲体育服务机构管理者理解技术的实质和可能的应用场景。

二、引入先进的设备和工具

先进的设备和工具是优化服务技术、推进设施技术创新必须重点关注的对象。其中，通过精选适用的设备和工具，机构能够提高服务效率、提升服务质量，并满足用户不断变化的需求。在选择供应商时，机构需要考虑其专业知识、产品质量和售后支持等方面，以确保获得可靠和先进的设备。在设备的测试、验证、安装和使用等阶段，机构需要确保设备的可靠性和合规性，并为员工提供必要的培训，使其熟练操作和充分利用这些先进设备和工具。通过引入先进的设备和工具，休闲体育服务机构能够提升服务水平，满足用户对技术创新的期望，并保持在行业竞争中的领先地位。

（一）设备和工具的选择

引进先进设备和工具是推动设施技术创新的关键步骤，选择恰当的设备和工具对于提升服务水平。满足用户需求，具有重要意义。在这个过程中，多方面的因素需要纳入考虑。具体包括设备和工具的功能性、性能、耐用度，以及设备成本等。功能性涉及设备能做什么，能提供什么样的服务，能满足用户什么样的需求。管理者需要深入了解设备的各项功能，并将设备与服务内容以及目标用户的需求进行匹配，确保设备能够有效地提升服务水平，满足用户的期待。设备的性能也是必须考虑的因素。设备的运行速度、准确度、稳定性等，都直接影响服务的质量。在这一点上，可能需要通过比较多种设备，或者进行试用等方式，了解设备的真实性能。耐用度是评估设备的另一个重要指标，这涉及设备的使用寿命，以及在使用过程中是否容易出现故障。选择耐用性好的设备，可以避免频繁的维修或更换，减少运营中断，提升用户满意度。设备的成本是必须考虑的因素，这不仅包括设备的购买成本，还包括运行成本、维护成本，以及可能的更换成本等。这需要管理者进行全面的成本效益分析，以确保选择的设备能够带来足够的回报。

（二）供应商的选择

选择适宜的供应商对于引入先进设备和工具非常重要。这不仅关乎设备和工具的质量，更对售后服务和后续维护有重大影响。其中，产品质量是评估供应商的核心标准之一。优秀的供应商应提供具备高性能、稳定可靠、耐用度高的设备和工具。设备质量的优劣将直接反映在服务的提供环节，进一步影响用户体验和满意度。因此，在选择供应商时，应深入了解其提供的产品质量，包括产品的功能性、性能、耐用度等。售后服务的优质与否，对于设备和工具的使用也是至关重要的。当设备需要维修，或遇到技术问题时，快速有效的售后服务可以避免服务的长时间中断，保障服务的持续供应。因此，供应商是否能提供及时、有效、专业的售后服务，是评价其合格与否的重要标准。还有一方面不容忽视，即：供应商的信誉度也是值得关注的因素。良好的信誉度通常代表着供应商在行业内有一定的声誉和影响力，能够提供高质量的产品和服务。考查供应商的信誉度，可从其过往的合作记录，其他用户的评价，以及供应商是否能按时、按照质量要求履行合同等方面进行。在这里，还要注意在选择供应商的过程中，管理者可重点参考其他用户的评价，借助他人的使用体验，帮助自己做出决策。同时，也可寻求专业人士的建议，了解供应商的实力和可靠度。

（三）设备的测试和验证

设备的测试和验证是引入先进设备和工具的关键环节，这一环节直接影响设备能否满足服务的需求，进而影响服务的质量和用户体验。设备测试是对设备性能的全方位检验，包括设备功能、稳定性、耐用性等各项性能指标的检查。通过设备测试，服务机构可以确认设备的性能是否满足服务的要求，以及设备能否在实际的服务环境中稳定运行。如果设备在测试阶段就出现了问题，那么就需要及时与供应商沟通，解决问题，或者重新选择其他设备。设备验证则是确认设备的实际运行效果是否符合预期。工作人员可以向供应商请求试用，或者参观已经使用该设备的其他场所，亲自感受设备的运行状态和效果。设备试用可以让工作人员从用户的角度评价设备，而参观使用场所可以让工作人员看到设备在实际环境中的运行效果，从而做出更为准确的评价。在设备的测试和验证过程中，工作人员需要具有高度的专业素养和严谨的态度，对设备的性能进行全方位、多角度的评估。只有这样，才能确保引入的设备能真正满足服务的需求，提高服务的质量和效率。

（四）设备的安装和使用培训

设备的安装和使用培训是设备引入过程中的关键环节，很大程度上决定着设备能否得到有效利用，服务质量和效率能否得到提升。在此期间，需要注意几个方面的问题。设备的安装需要专业人员进行，专业人员的技术水平直接决定设备的安装质量。专业人员在安装过程中，须严格按照设备的安装指南进行，以确保设备的正确安装和稳定运行。在安装过程中，要对设备进行全面检查，确保设备没有在运输过程中受到损坏、所有部件都已安装到位、设备的所有功能都能正常使用。此外，也需要对设备的使用环境进行评估，确保设备的运行环境满足使用要求，如温度、湿度、电源稳定性等。使用培训则是确保设备得到有效利用的关键。使用培训可以使服务机构工作人员熟悉设备的使用方法，理解设备的功能和性能，使工作人员能够在日常服务中最大限度地利用设备的性能。使用培训的内容可能包括设备的操作方法、功能介绍、使用注意事项、设备的保养和维护等。培训的方式可以是现场教学，也可以是视频教程，或者是模拟操作等。在设备的安装和使用培训过程中，服务机构需保持与供应商的密切沟通，及时解决在安装和使用过程中遇到的问题，确保设备能在短时间内投入使用，提高服务的质量和效率。

三、运用科技改善服务流程

运用科技改善服务流程是推进设施技术创新、优化服务技术的重要步骤。其中，通过数字化和移动化的应用技术，机构能够实现更高效的信息管理和沟通，提供便捷的在线服务渠道，以满足用户对便利性和时效性的需求。自动化技术的引入可以减少人力投入，提高服务的准确性和效率。数据驱动的优化可以帮助机构从海量数据中提取有价值的洞见，优化服务策略和决策，以提供更加个性化和更加优质的服务体验。而人工智能（AI）则赋予机构智能化的能力，通过机器学习和自动化算法，服务机构可以提供更智能的服务，从而提升用户满意度和服务质量。通过运用科技改善服务流程，休闲体育服务机构能够不断创新，适应科技发展的潮流，为用户提供更先进、更便捷和更加个性化的服务。

（一）数字化和移动化

将服务流程数字化和移动化是提升用户体验、提高服务效率的重要手段，对于促进设施技术创新具有关键的推动作用。在数字化方面，例如，使用电子系统进行课程预约，不仅可以提高预约效率，降低出错概率，而且还能让用户在任何时候都能进行预约，提高了服务的可获取性。而通过数据分析，管理者可以了解哪些课程更受欢迎，哪些时段的预约更多，从而对课程进行优化，提高资源利用率。在移动化方面，例如，创建手机应用程序或在线平台，这样用户就能在任何地点，只要有网络，就能预约课程、购买产品、留下反馈，甚至参加在线训练课程。移动化的服务不仅提供了更多的便利性，也让服务更具个性化，能够根据用户的行为与喜好推荐相应的课程和产品。另外，数字化和移动化还使得服务流程更加透明。例如，用户可以在手机应用程序或在线平台上看到课程的具体内容、时间、地点、价格等信息，甚至还可以看到其他用户的评价和反馈，这有利于增强用户的信任感，提高服务的透明度。

（二）自动化

引入自动化技术是优化服务流程的一种重要方法，旨在提高效率，降低错误率，并进一步推动设施技术创新。自动化技术的应用广泛，可以触及服务流程的多个环节。例如，对于收费环节，可以引入自动付款系统，使用户可以通过扫码、自动扣款等方式进行支付，减少了人工操作，不仅提升了支付速度，还降低了出错的可能性，并且自动付款系统还可以提供详细的付款记录，方便管理者进行财务管理和数据分析。在服务机构提供服务的过程中，自助服务设备也起着关键的作用。例如，引入自助签到机，用户只需刷卡或扫码就能完成签到，无须通过人工方式，大大提升了签到的效率，同时也降低了排队等候的时长。对于管理者来说，自主签到机也可以提供准确的签到数据，有利于管理者了解用户的使用情况，进一步优化服务内容和方式。另外，自动化技术的应用还能在一定程度上提高用户的体验。自动化的服务流程能使用户感受技术带来的便捷和快速，提升了服务的体验感。同时，通过数据收集和分析，服务机构也能更好地了解用户的需求和行为，从而优化服务，提升用户满意度。

（三）数据驱动的优化

运用科技改善服务流程的另一个核心方法是数据驱动的优化。数据驱动决策是指利用收集的数据，以及科学的分析，进行精准的决策，以优化流程和提高效率。数据驱动的优化涵盖多个方面。对于服务流程的优化，最直接的方式就是通过收集用户数据。例如，可以通过跟踪用户在应用程序中的行为，记录用户的点击、浏览、搜索等操作，收集用户的行为数据。这些数据可以帮助工作人员了解用户在使用服务过程中的实际需求，了解哪些功能被频繁使用、哪些功能很少被触及。这样，工作人员就可以依据用户行为的数据，对应用程序的界面和流程进行优化，将用户经常使用的功能放在显眼的位置，并优化搜索和推荐系统。数据驱动的优化还可以体现在服务内容的改进方面。例如，通过分析用户的反馈和评价，工作人员可以了解哪些服务内容受到用户的欢迎，哪些地方需要改进。这样，工作人员就可以根据用户的反馈，进行有针对性的改进和优化。

（四）引入人工智能（AI）

人工智能（AI）在服务流程中的运用已经成为一种趋势，其提供了改善用户体验和提高服务效率的新机会。AI具备自主学习、处理大量数据、提供个性化服务等特点，为服务提供者带来了前所未有的可能性。以AI聊天机器人为例，工作人员可以借助AI技术，提供全天候的客户服务。AI聊天机器人能够处理大量的用户咨询，可以在人力资源有限的情况下，提供及时、精准的回复。对于用户而言，无须等待人工客服的回复，节约了时间，提高了满意度。对于服务提供者而言，这种做法可以降低人力成本，提高服务效率。并且，AI聊天机器人可以不断地学习和改进，随着使用时间的增长，服务质量将越来越高。智能健身设备也是一个运用AI技术改善服务流程的例子。通过收集用户的运动数据，智能健身设备可以提供个性化的训练建议，帮助用户更有效地达到运动目标。这种个性化的服务，往往比传统的固定模式更能满足用户的需求。而且AI技术还可以在其他许多方面帮助优化服务流程，如智能预约系统、智能推荐系统等。通过这些科技应用，服务流程可以变得更加自动化，更加智能化，更加贴近用户需求，从而实现真正的服务技术优化，推进设施技术创新。

四、利用数据技术驱动决策

在当今快速发展的技术环境中，数据技术驱动决策成为休闲体育服务机构优化服务技术和推进设施技术创新的核心要素。通过收集全面的数据，机构可以深入了解用户需求和行为模式，洞察市场趋势和机会。数据分析和解读能够揭示数据中有价值的信息点，帮助机构制定精准的策略和决策。基于数据技术的策略制定能够指导资源合理投入和技术推进，优化服务流程并提升用户体验。持续追踪和优化数据资源则可以确保决策的有效性和适应性，使机构能够随时调整策略并持续改进。因此，利用数据技术驱动决策成为休闲体育服务机构在优化服务技术和推进设施技术创新方面取得成功的重要手段和关键路径。

（一）收集全面的数据

全面、准确的数据是数据技术驱动决策的基础，其重要性不容忽视。收集数据并不是一个简单的过程，而是需要深思熟虑和精确的工具。在收集数据时，服务提供者如果有能力获取详尽的用户使用数据、反馈数据、支付数据等，那么这些数据在优化服务技术、推进设施技术创新的过程中将具有重要价值。例如，用户使用数据可提供用户如何互动和使用服务的实时信息，而反馈数据则能直接反映用户对服务的看法和建议，支付数据则为管理者展示了用户对特定服务的支出情况。在收集数据时，为了确保数据的质量和完整性，必须设定正确的数据追踪和收集工具。用户行为分析工具是其中之一，它能实时记录用户的行为，生成各种详细的数据报告，如点击率、浏览量、停留时间等。这些报告反映了用户的兴趣和行为习惯，为提升服务质量提供了关键信息。除此之外，满意度调查工具、支付系统也都扮演着重要角色。满意度调查工具可让用户对服务进行评价、反馈问题和建议，支付系统则可以追踪支付流程，帮助工作人员了解支付情况。

（二）数据分析和解读

数据分析和解读是数据技术驱动决策的关键步骤，也是将数据转化为行动的桥梁。有了全面准确的数据，接下来就需要通过深入的数据分析和解读，找出数据背后的模式和趋势，从而指导服务技术优化，推进设施技术创新。数据分析工作一方面是对大量数据进行整理，挖掘其中的规律，另一方面也要对这些规律进行解读，找出其中的含义和可能的影响。例如，如果分析数据发现某一课程或服务的使用量特别高，这可能说明这一课程或服务具有很高的受欢迎度，那么就可以考虑将更多的资源投入这一课程或服务的优化和推广中。如果某一课程或服务的使用量很低，可能说明这一课程或服务的受欢迎度不高，那么就需要检查这一课程或服务的问题，寻找优化的方向。在数据分析和解读的过程中，工作人员可能需要借助各种数据分析工具，如数据挖掘工具、统计分析工具等，以提高数据分析的效率和准确性。此外，工作人员还需要具备一定的数据分析能力和专业知识，以准确理解和解读数据。

（三）制定基于数据分析结果的策略

基于数据的策略制定，就是将数据分析和解读的结果应用于实际决策中。数据揭示了过去和现在的情况，但是制定今后的策略则需要管理者运用专业知识和经验，以及理解和洞察数据所揭示的模式与趋势。以数据显示用户更喜欢在晚间使用某项服务为例，管理者在了解这一情况后，就可以思考如何利用这一信息优化服务。可能的策略包括在晚间提供更多的服务，或者增加晚间的工作人员，以更好地满足用户需求。但是，这需要考虑其他的因素，例如是否有足够的资源在晚间提供更多的服务，晚间的工作人员是否有足够的能力处理更多的用户需求等等。所有的这些问题，都需要基于数据以及管理者的专业知识和经验进行考虑。

（四）持续追踪和优化

在制定基于数据分析结果的策略后，接下来就是执行策略，并持续进行追踪和优化。数据驱动的决策并不是一次性的过程，而是需要持续的追踪数据，检查策略的执行效果，及时进行优化。例如，如果数据显示新的策略并未带来预期的效果，那么就需要重新考虑和优化策略。这可能包括改变服务提供的时间，调整工作人员的排班，甚至重新设计服务流程等等。另外，持续的追踪和优化也包括响应新出现的数据和趋势，例如，用户的需求变化，新的竞争对手的出现，市场环境的变化等等。这种持续的追踪和优化，可以确保服务和设施始终保持与用户需求及市场环境相匹配，从而最大限度地提高服务质量和用户满意度。在这里，要强调的是数据驱动的决策并不意味着完全依赖数据，而是在理解和考虑数据的同时，结合管理者的专业知识和经验，进行全面的考虑和决策。只有这样，才能真正实现优化服务技术、推进设施技术创新的目标。

五、培训员工熟练运用新技术

在休闲体育服务领域，技术的快速发展与创新为提升服务质量和用户体验提供了巨大的机遇。然而，仅仅拥有新技术并不足以实现优化和改进。关键还在于培训员工，使其能够熟练运用这些新技术，将新技术转化为实际的服务价值。培训员工熟练运用新技术涉及系统的技术培训、实际的操作模拟、要求员工持续的学习和提升，以及提供技术支持和帮助。通过为员工提供全面的技术培训和实践机会，员工可以深入了解新技术的特点和功能，并学习如何在实际服务中应用新技术。持续的学习和提升则是确保员工能够跟上技术发展步伐的关键，员工需要不断更新自己的知识和技能。

（一）系统的技术培训

在优化服务技术以及推进设施技术创新的过程中，提升员工的技术能力是关键的一步。为此，管理者需要为员工提供系统的技术培训，让员工熟练掌握并运用新技术。其间，系统的技术培训是一项全方位的任务，涉及理论教学、实践操作以及案例分析等多个方面。培训的内容应该根据新引入的技术以及员工的技能需求设计，以保证培训的效果。理论教学是培训的基础，可以让员工了解新技术的工作原理、主要功能以及使用注意事项等基础信息。例如，在引入新的管理软件时，员工需要了解软件的基本构架，各个功能模块的作用，以及在使用过程中需要注意的问题等。理论教学可以通过讲座、视频教程、在线课程等多种形式进行，管理者应该根据员工的学习习惯和培训资源，选择合适的教学方式。实践操作是理论教学的延伸，让员工在实际操作中熟悉和掌握新技术。在操作实践中，员工可以直观地理解新技术的使用过程，掌握操作步骤，发现和解决实际问题。例如，在引入新的健身设备时，员工需要在指导下操作设备，了解设备的使用方法，熟悉设备的性能特点，处理可能出现的故障等。管理者应该安排经验丰富的技术人员指导员工进行实践操作，以保证操作的安全性和有效性。案例分析是培训过程的深化，员工通过分析成功或者失败的案例，能够理解新技术在实际工作中的应用情况，提高自身的问题解决能力。例如，在引入新的数据分析工具时，员工可以通过分析过去的数据分析案例，理解工具的分析方法，掌握数据分析的技巧，发现和改正自己的错误。管理者应该选择具有代表性的案例，组织员工进行分析讨论，引导员工从中学习和提高。

（二）在现场模拟和实践中解决实际问题

在推动服务技术优化和设施技术创新的过程中，应注重在现场模拟和实践中让员工处理和解决实际问题。这是因为只有在实践中，员工才能对理论知识有更深入的理解，更准确地把握新技术的运作流程，发现并解决实际问题，从而更好地应用新技术，优化服务和推进创新。

其间，现场模拟和实践的环节通常需要在真实或者模拟真实的环境中进行。这样，员工可以在实际或者接近实际的工作情境中，熟悉并掌握新技术的应用要求。例如，在学习新的运营系统或者设备时，管理者可以在模拟环境中设置各种任务，让员工尝试完成，这样员工就能在实际操作中理解和掌握系统或设备的运作方式。并且在现场模拟和实践的过程中，员工还可以学习如何处理实际问题。在运用新技术的过程中可能会出现各种预料之外的问题，而这正是检验员工技术掌握程度和问题处理能力的好机会。例如，设备可能会出现故障，数据可能会出现异常，而这些问题都需要员工在实践中发现并解决。在这种情况下，管理者可以引导员工从中学习，提升员工解决问题的能力。还需要注意的是，管理者在安排员工进行现场模拟和实践时，需要关注员工的表现，以便找出员工在技术应用上的困难和问题。然后，根据这些信息，管理者可以及时进行指导和反馈，帮助员工克服困难，提高员工的技术应用能力。同时，管理者还可以根据现场模拟和实践的结果，对员工进行评估，找出技术熟练度较高的员工，以及需要进一步培训的员工。

（三）持续的学习和提升

在推动服务技术优化和设施技术创新的过程中，持续的学习和提升是确保员工能够熟练应用新技术，使服务机构紧跟技术发展步伐保持领先地位的重要手段。技术的进步日新月异，而要跟上这个步伐，员工需要持续不断地进行学习和提升，管理者也需要积极地为员工提供学习和提升的机会与资源。

管理者可以定期组织技术研讨会，让员工了解新的技术动态，分享使用新技术的经验，讨论遇到的问题和解决方法。这样不仅可以提升员工的技术水平，还能增强团队成员间的交流和合作，提升整个团队的技术创新能力。在这个过程中，管理者应当鼓励员工积极参与，分享自己的想法和经验，为团队的技术创新作出贡献。同时，管理者还可以为员工提供在线学习资源，如网络课程、视频教程、技术论坛等，帮助员工自主学习和提升。这种方式的好处在于可以让员工根据自己的需要和节奏进行学习，灵活而高效。而管理者的任务则是挑选高质量的学习资源，鼓励和支持员工的自主学习，以及定期检查员工的学习进度和效果，确保学习的效果。另外，管理者还应当鼓励员工通过实际工作进行学习和提升。学习和运用新技术的最佳教室就是实际的工作环境，员工可以通过参与新项目、解决实际问题、探索新的问题解决方法等方式，不断提升自己的技术水平。管理者应当为员工提供足够的机会和支持，让员工在工作中学习，从实践中提升。

（四）提供技术支持和帮助

在优化服务技术和推进设施技术创新的过程中，除了需要员工具有熟练的技术运用能力外，管理者对员工的技术支持和帮助同样不可忽视。在新技术的学习和应用过程中，员工可能会遇到各种困难和挑战。此时，管理者提供的技术支持和帮助就显得尤为重要。

技术支持热线是一种有效的支持方式，它能够让员工在遇到问题时及时获得帮助。设立专门的技术支持热线，可以使员工在遇到操作困难、理解困难、设备故障等问题时，通过电话或在线沟通的方式，直接获取专业的技术指导。这种方式不仅解决问题快捷，而且能够避免因为技术问题导致的工作延误或停滞。聘请技术专家作为指导老师，是另一种提供技术支持和帮助的方法。技术专家在具体的技术领域有丰富的知识和经验，能够为员工提供深入的指导和帮助。例如，技术专家可以定期主持技术讲座，解答员工的疑问，也可以在项目中与员工一起工作，通过实际操作指导员工。此外，技术专家还可以帮助员工解决具体的技术问题，例如软件的使用、系统的配置、故障的排查等。

在提供技术支持和帮助的过程中，管理者应当注意尊重员工的独立性和主动性，让员工在面对问题时，可以主动地寻找解决方法，而不是完全依赖于技术支持。这样，员工不仅能够解决眼前的问题，而且能够在解决问题的过程中提升自己的技术能力和解决问题的能力。并且管理者还应当鼓励员工分享自己的经验和技巧，通过交流和分享，团队成员可以共同提升技术水平，提高工作效率。

第四节 优化服务体系多方协作机制，提升服务效率

在深入论述休闲体育服务体系优化路径的过程中，"优化服务体系多方协作机制，提升服务效率"是相当重要的一环。这个环节涉及搭建有效的协作平台，明确协作规则与流程，以及培育协作文化等重要方面。协作平台的建设，是为了让各相关方能有效地进行沟通与配合；明确的协作规则与流程则可以减少沟通成本，提高工作效率；而协作意识的培养，将更好地鼓舞团队精神，激发团队成员的创新与参与意识。通过这三方面的不断优化和提升，休闲体育服务体系的协作会更加顺畅，服务效率提高，从而更好地满足客户的需求。因此"优化服务体系多方协作机制，提升服务效率"在休闲体育服务体系的优化过程中，发挥着举足轻重的作用。

一、搭建有效的协作平台

在优化休闲体育服务体系的过程中，打造一个高效的协作平台相当重要。其原因在于协作平台扮演着团队成员之间沟通、协作和信息共享的关键角色，为实现协同工作提供了强大支持。为了确保协作平台的有效运作，管理者需要仔细选择适合团队需求的协作工具，并进行个性化的平台设置，以满足团队特定的工作流程和目标。同时，管理者需要为员工提供培训和指导，帮助员工掌握协作平台的功能和操作技巧，使员工能够灵活运用这些工具，提高工作效率。搭建一个有效的协作平台能够促进团队成员之间的密切合作，加强信息共享和协调，提升工作效率

和协同能力。协作平台不仅能够改善内部协作流程，还能为客户提供更快捷、更高效和更具个性化的服务体验。因此，协作平台的建设是优化休闲体育服务体系中不可或缺的一环，对于提升服务效率和满足客户需求相当重要。具体操作流程如图5-4所示：

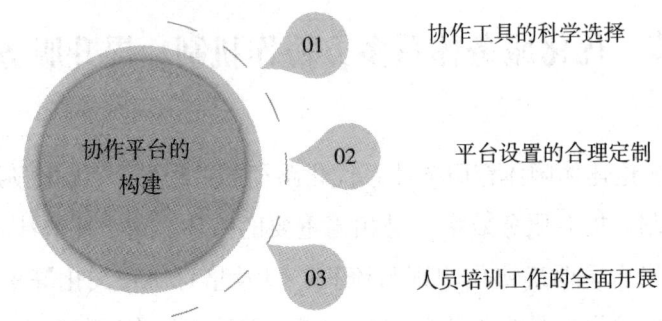

图5-4　休闲体育服务体系多方协作平台的构建流程

（一）选择合适的协作工具

在构建休闲体育服务体系多方协作平台的过程中，选择符合特定需求的协作工具至关重要。这个工具的功能应覆盖任务管理、文件共享、实时通信等各个方面。优秀的协作工具需要以一种清晰、直观的方式呈现信息，让所有参与者都可以快速理解当前的工作状态，清晰知晓下一步的工作任务。所选工具的使用操作流程也要简单易懂，避免因为复杂的操作步骤浪费员工过多的时间和精力。在当前的市场上，有许多出色的协作工具可供选择。例如，Slack，这一工具提供了丰富的通信功能，包括即时消息、文件分享，以及与其他工具的集成功能。借助Slack，团队成员可以快速获取信息，及时对问题进行反馈，极大地提高了沟通效率。又如Microsoft Teams，这一工具整合了聊天、会议、笔记、附件和日历等功能，可以方便团队成员进行协同工作，更有效地管理任务。再如Asana，这是一种功能较为全面的任务管理工具，能够让团队成员清晰地看到任务的进度和状态，便于团队协调和管理工作。管理者在选择协作工具的时候，不仅要考虑工具的功能，还要考虑工具的易用性、可扩展性，以及能否与现有系统集成等因素。并非所有的工具都适用于所有的团队和项目，所以选择协作工具的时候，必须充分理解团队的需求，选择适合团队的工具。还有一点需要加以高度重视，就是即使团队有了很好的工具，也需要团队成员的积极参与和使用，以真正发挥协作工具的作用。因此，当引入新的协作工具时，管理者也需要为团队成员提供足够的培训和支持，使团队成员能够熟练运用这些工具，从而更好地服务于休闲体育服务体系的优化。

（二）定制平台设置

高效的协作是推动休闲体育服务体系优化的关键要素。作为管理者，应着眼于团队工作流程和需求，精心定制协作平台的相关设置，确保其能最大限度地发挥作用。

在搭建有效的协作平台的各个环节中，管理者一旦选定了满足需求的协作工具，就需要针对团队的特定需求进行个性化设置。管理者可以在平台上设定任务优先级，使得工作人员能够清晰地认识到哪些任务更为紧急，应该优先处理。这种优先级设定不仅有助于团队成员厘清思路，更能提升整体的工作效率。同时，管理者可以根据项目需求和团队成员的专业技能，将任务明确地分配给特定的人。这种定制化的任务分配方式能够确保每项任务都能由合适的人员完成，既可以提高工作效率，也能保证任务质量。管理者还可以在平台上设置任务的截止日期，让团队成员对项目进度有明确的认识。每项任务都设定明确的截止日期，可以帮助团队更好地规划时间，防止工作延误，从而确保服务的连续性和稳定性。另外，针对团队的具体工作情况，还可以进行其他的定制化设置，例如设定大型任务的子任务，使大型任务更加清晰、易于管理；设定任务依赖，清晰展示任务之间的逻辑关系，避免工作冲突；设定任务提醒，防止任务遗漏等。

（三）培训员工使用协作平台

在休闲体育服务体系中，一个有效的协作平台有助于提升团队工作效率，优化服务流程。然而，单纯的平台搭建并不能实现这些目标，关键还在于员工能否熟练运用这个协作工具，能否借助协作工具提高工作效率和服务质量。

为了确保每个员工都能够熟练地使用协作平台，管理者可以设计并执行一系列的员工培训计划。培训的内容应该包括平台的基本操作，例如，如何发布和接收任务，如何共享和查找文件，如何进行实时通信等。此外，还应包括一些高级功能的使用方法，例如，如何设定任务的优先级和截止日期，如何分配任务给特定的人等。这样，员工不仅能够掌握平台的基本使用方法，还能充分利用平台的高级功能，提高工作效率。在进行员工培训时，管理者可以采取多种方式。例如，管理者可以组织在线培训，邀请专家进行讲解，或者邀请有经验的员工分享使用心得等。在线培训的优点是可以方便地覆盖所有员工，不受地理位置的限制。管理者还可以提供详细的操作手册，包括图文并茂的使用指南，或者视频教程。员工可以在需要时随时查看，学习和复习。同时，操作手册也可以作为一种常用的技术问题参考资料，当员工在使用平台过程中遇到问题时，可以快速找到解决方案。

二、明确协作规则和流程

在优化休闲体育服务体系过程中，明确协作规则和流程的重要性不容忽视。清晰的协作规则和流程是实现多方协作的关键要素，它们为团队成员提供了明确的指导，确保工作的有序进行。通过制定详尽的工作指南，团队成员可以清晰地了解各自的职责和任务，并知道如何相互配合，实现高效的协作。此外，确保流程的透明度是建立信任和减少摩擦的关键因素，它为团队成员提供了对工作流程的清晰认知，使团队成员能够更好地协同合作。定期更新规则和流程是保持服务体系的活力和适应性的必要措施，能够使服务体系及时适应变化的需求和环境，提高服务的灵活性和质量。通过明确协作规则和流程，休闲体育服务体系可以构建一个高效协作的环境，提升服务效率，为客户提供更加优质的体验。

（一）制定详尽的工作指南

在休闲体育服务体系中，澄清协作规则和流程在提高服务效率方面发挥着特殊作用。管理者需要拟定一份详尽的工作指南，以指导团队中的协作活动。这份指南应当足够细致，涵盖团队合作中可能遇到的各种情况，为团队成员提供清晰的指引。其间，工作指南的编制需要从实际出发，着眼于团队协作的每个环节。例如，任务的分配和执行是每个团队成员日常工作的基本内容，对此，工作指南应详细说明任务如何从总体目标分解成个人行动，以及如何根据每个成员的能力和特长进行合理分配。在这个过程中，应考虑各种可能的情况，制定具有可操作性的规则。又如，工作进度的报告自然也是一个重要的环节。团队成员如何向管理者和其他成员报告自己的工作进度，如何反馈遇到的问题和困难，这都是保证团队协作顺畅进行的关键问题。因此，工作指南中需要明确这些事项的具体操作方式和要求。还有一点需要提起高度重视，即：冲突的处理也是工作指南中不可或缺的部分。在团队协作中，因为团队成员观点和利益的差异，难免会产生冲突。管理者需要预见这些可能的冲突，制定有效的解决方案。这可能包括对话、调解、投票决定等方式，关键是要确保冲突的处理过程公平、公正，能够保护每个团队成员的合法利益。

（二）确保流程的透明度

在提升休闲体育服务体系效率的过程中，多方协作机制的运行势必会发挥关键作用。提升协作规则和流程的透明度对于确保协作的顺利进行起着重要作用。具有可行性的操作主要包括四种方法：

第一种方法是通过协作平台或其他适当的方式发布协作流程图。流程图应简明扼要地展示协作的每个步骤和相关操作，使参与协作的人员能够清晰地了解整个流程。通过共享流程图，团队成员可以共同理解协作的顺序和要求，从而避免不必要的混乱和误解。而定期举行会议是增加流程透明度的第二种方式。会议可以用来详细解释协作流程，并回答团队成员的疑问。通过面对面的交流，管理者可以直接传达流程中的细节和重要事项，提高团队成员对流程的理解和掌握程度。第三种有效的方法是建立统一的信息平台。管理者可以创建在线共享的信息平台，其中包含详细协作流程说明的相关文档和指南。团队成员可以随时访问该平台，获取所需的信息，并了解流程更新情况。通过统一的信息平台，管理者可以确保所有成员获得准确和一致的流程信息。最后一种有效的方法则是鼓励团队成员之间的互动和交流。通过参与协作讨论会或团队分享会，成员可以分享彼此的经验和洞见，促进协作的相互学习和提升。这种开放的交流环境可以加强团队的协作意识和理解，进一步提升协作流程的透明度。

（三）定期更新规则和流程

为了优化服务体系的多方协作机制，提升服务效率，明确协作规则和流程十分重要。然而，随着团队的成长和项目的发展，原有的规则和流程可能逐渐失去适应性。因此，管理者需要定期评估和更新这些规则和流程，以确保它们能够满足团队当前的需求。定期评估规则和流程是确保其有效性和适应性的关键。管理者可以定期与团队成员进行沟通，收集团队成员的反馈和建议。这种定期的沟通可以通过团队会议、个别访谈或在线调查等形式进行。通过了解团队成员的实际工作情况和体验，管理者可以获取有价值的信息，以评估现有规则和流程的效果。评估的结果将为管理者提供有关哪些规则和流程需要调整或更新的具体参考。根据团队成员的反馈和实际需求，管理者可以改进规则和流程，使其更好地适应团队的当前工作环境和目标。这可能包括简化流程、调整工作分配、更新工作流程等。更新规则和流程后，管理者需要及时将其传达给团队成员。这可以通过团队会议、电子邮件或在线协作平台等方式进行，以确保所有团队成员都能够理解和掌握新的规则和流程。此外，管理者还可以提供培训或指导，以帮助团队成员熟悉和应用新的规则和流程。定期更新规则和流程有助于保持协作机制的敏捷性和适应性。通过与团队成员紧密合作，管理者可以不断改进协作规则和流程，以满足不断变化的需求和市场环境的挑战。这种对于协作规则和流程的持续改进和调整，将推动团队的协作效率和工作质量不断提升。

三、培养协作意识

在优化休闲体育服务体系的过程中，培养团队成员的协作意识具有重要意义。其间，应致力促进开放和坦诚的沟通，为团队成员提供一个自由交流和分享想法的平台。同时，还要通过赞扬和奖励协作行为，激励团队成员积极参与协作，营造良好的合作氛围。此外，管理者应提供有关协作的培训和资源，帮助团队成员掌握协作技能，扩展团队成员的协作能力。通过培养协作意识，休闲体育服务体系能够建立一种团结、高效的工作环境，以提升服务质量和客户满意度。这种协作意识必将成为休闲体育服务体系持续发展和实现目标的关键因素。

（一）促进开放和坦诚的沟通

优化服务体系的多方协作机制是提升服务效率的关键。在这个过程中，培养协作意识是非常重要的。而其中一个重要的方面就是促进开放和坦诚的沟通。管理者在创设鼓励开放和坦诚沟通的环境方面扮演着重要角色。

其中，团队会议是促进开放沟通的有效途径之一。通过定期举行团队会议，管理者可以提供一个讨论和分享信息的平台。在会议上，管理者应该营造积极的氛围，鼓励团队成员自由地提出问题、表达观点和分享经验。会议可以成为团队成员交流和合作的场所，从而加强团队的协作效果。另一种促进坦诚沟通的方法是进行一对一的反馈会谈。通过与团队成员进行个别会谈，管理者可以提供具体的反馈和指导。在这些会谈中，管理者应该鼓励团队成员分享他们对协作和服务的感受，提出问题或困惑，并给予团队成员所需的支持和帮助。这种个别的反馈会谈可以增进起管理者与团队成员之间的信任和互动，促进沟通渠道的畅通和效果的提升。还有一种方式也有助于促进开放和坦诚的沟通，即：鼓励团队成员提问和分享观点。管理者应该创造一种安全和相互支持的环境，让团队成员自由地提出问题和分享自己的想法。通过提问和分享机会，团队成员可以相互学习、借鉴经验，并共同探讨协作中的挑战和解决方案。这种开放的沟通氛围将帮助建立信任，促进团队成员之间的合作。

除了以上措施，建立良好的沟通渠道和机制也是非常重要的。管理者应该确保信息流通的便捷和透明。这可以通过建立在线协作平台、定期发布信息和更新平台内容，以及设定反馈渠道实现。这些沟通渠道将促进团队成员之间的交流和合作，并确保信息的准确性和传达的有效性。

（二）赞扬和奖励协作

为了培养协作意识并提升团队的服务效率，赞扬和奖励协作行为是管理者的一项重要任务。通过积极的反馈和适当的奖励，管理者可以激励团队成员更好地展现协作能力，增强团队凝聚力和工作动力。

在促进协作的过程中，管理者可以通过肯定和赞扬团队成员的协作行为激励团队成员。明确而具体地表达对团队成员协作努力的赞赏，可以提高团队成员的自尊心和工作动力。这种赞扬可以是公开的，例如在团队会议上表扬，也可以是私下的，通过"一对一"的反馈传达。赞扬应该真诚和有针对性，确保团队成员感到被认可和重视。管理者还可以通过设立适当的奖励制度，激励团队成员的协作行为。奖励可以是物质性的，例如奖金、礼品或员工福利，也可以是非物质性的，例如特殊荣誉、表彰证书或额外的休假时间。此过程的关键是确保奖励与团队的协作目标和价值观念相一致，并且公正、公平地分配给表现突出的团队成员。这样的奖励制度将激励表现突出的团队成员在协作中发挥积极作用，同时也会激发其他成员的工作动力和合作意愿。在这里，管理者还可以借助成功案例鼓励团队成员的协作。通过分享成功案例，团队成员可以从中学习和获得启发，了解协作的重要性和价值。这种分享可以通过团队经验交流会议或内部沟通平台进行。通过展示成功案例，管理者向团队成员传递了一个积极的信息：协作是重要的，它可以带来成功和成就感。这将激发团队成员的协作热情，推动团队成员更加积极地参与团队合作。

（三）提供有关协作的培训和资源

为了优化服务体系的多方协作机制，提升服务效率，培养协作意识是非常重要的。在培养协作意识的过程中，提供有关协作的培训和资源是一个关键方面。管理者应该意识到，如果团队成员不清楚如何协作，他们可能会遇到困难。因此，管理者需要采取措施，提供必要的培训和资源，以帮助团队成员提升协作技能水平。为了实现这一目标，管理者可以组织有关协作的培训工作坊或在线课程。这些培训活动可以包括各种主题，如协作原则、沟通技巧、团队合作和冲突管理等。通过这些培训，团队成员可以学习协作的重要性以及如何在团队中更好地合作。培训内容应该针对团队的具体需求和挑战，并注重实践和应用。通过培训，团队成员可以掌握协作技能，并将其应用到实际工作中，从而提高整个团队的协作效果和服务质量。

除了培训，管理者还应该提供必要的资源，以支持协作和沟通。这可以包括共享知识库、在线协作平台、项目管理工具等。共享知识库可以为团队成员提供参考资料、成功地实践案例研究，帮助他们更好地理解和应用协作原则。在线协作平台可以促进团队成员之间的沟通和协作，提供共享文档和实时协作功能。项目管理工具可以帮助团队成员跟踪任务进度、分配工作和协调资源。这些资源的提供将有助于团队成员更加高效地协作，减少沟通和协调方面的障碍。与此同时，管理者还可以鼓励团队成员互相学习和分享经验。这可以通过定期的团队经验交流会或跨部门协作项目实现。在这些活动中，团队成员可以分享协作中的挑战和成功经验，互相学习和借鉴。这种互动和分享将促进协作意识的培养，加强团队成员之间的合作意愿和团队凝聚力。

第六章　总结与展望

第一节　总结

一、休闲体育服务体系优化成效显著但任重道远

作为国民健康生活方式推行的重要载体，我国休闲体育服务体系历经多年的发展和优化，已取得了显著的成效。休闲体育服务体系的变革与提升，给广大公众带来了直观且实质性的益处。然而，休闲体育服务体系的进一步发展和完善仍任重道远。

本书在前边已经对休闲体育服务体系建设的成效与挑战进行了详细阐述，这里进行简要总结。近年来，体育活动以其多元化、多样化的形态，给公众的生活带来了更多乐趣。从传统的体育项目，如打太极、打羽毛球，到现代化的运动方式，如健身、花样游泳，人们可以根据自身的喜好、兴趣和体质选择适合自己的运动方式。此外，休闲体育项目的多样性也为不同年龄、性别和健康状态的人们提供了丰富选择，促进了全民健身活动的普及化。与此同时，公共体育设施的建设与优化也在进一步推动着休闲体育服务体系的发展。体育公园、运动场馆等公共设施建设水平的不断提升，给公众提供了更加方便、舒适的运动环境。这些设施不仅满足了公众的基本运动需求，更是体现城市文化和精神面貌的重要标志。此外，社区化的体育服务也在不断发展。社区通过组织健康讲座、运动比赛等形式，引导和鼓励社区居民积极参与休闲体育活动，从而提高了居民的身体素质和生活质量。同时，社区化的体育服务也可以加强邻里联系，促进社区的和谐稳定。

尽管我国休闲体育服务体系的优化成效显著，但在其发展进程中，仍然存在着一些问题和挑战，值得人们深入探讨和共同解决。首先，休闲体育服务体系发展中的一个显著的问题是体育服务供给与需求之

间的不匹配。

在一些地区，体育场馆设施的供应过剩，虽然给公众带来了许多便利，但同时也带来了资源浪费的问题。大量的设施闲置，造成了投资浪费，同时也使得这些地区的体育服务供给严重过剩。然而，这种过剩的现象并非普遍存在。在其他一些地区，特别是偏远地区和农村，体育设施可能十分匮乏。这使得当地的居民对体育活动的需求无法得到满足，限制了当地居民参与体育活动的积极性。这种不平衡的现象，使得体育资源的有效利用率降低，影响了我国休闲体育服务体系的健康发展。

其次，体育服务的质量问题也是我国休闲体育服务体系面临的一个重要挑战。一些地方的体育服务专业性不强，缺乏专业的教练员、体育运动指导员等，这对于提升体育活动的专业性和科学性带来了困难。而运动器材的陈旧问题，也会直接影响大众的运动体验。这就需要休闲体育服务体系提高体育服务的专业性和质量，投入更多的资源，引入更多的专业人才，更新更多的设备和设施，以提升大众的运动体验和满意度。

在偏远地区和农村，由于资金、人才等各方面的限制，体育服务的质量问题尤为突出。对于这一问题，需要注重资源的优化配置，通过政策引导和资金投入，推动偏远地区和农村的体育服务水平提升。例如，可以通过与城市的体育服务机构合作，引入更多的专业人才和先进设备，提高偏远地区和农村的体育服务水平。

最后，休闲体育服务体系的发展还面临体育活动参与度的问题。尽管近年来公众对健康的重视程度在逐步提高，但参与体育活动的积极性仍然不够高。这是一个涉及公众健康观念、生活方式以及社区体育服务环境等多方面的问题。一是需要加大宣传力度，提高公众对于体育活动重要性的认知，引导公众养成良好的运动习惯。二是需要改善社区体育服务环境，为公众提供更多便利的运动场所和设施，降低公众参与体育活动的难度。三是通过举办各种体育活动，如运动比赛、健康讲座等，提高公众的运动参与度。

　　我国休闲体育服务体系在优化过程中取得了显著的成效，但创新发展的前路任重道远。休闲体育服务体系管理者需要在实践的过程中不断反思，总结成功的经验，找出存在的问题，采取有效的策略和措施，以更好地满足公众的需求，推动我国休闲体育服务体系的健康发展。

二、休闲体育服务体系优化的重点是强化供给质量、破解需求难题

　　我国休闲体育服务体系优化的关键点是强化供给质量、破解需求难题。为了推动我国休闲体育事业的高质量发展，需要在多元优势的基础上，以适应公众个性化健身需求为核心，重塑休闲体育的服务模式，全方位地拓展体育产业的发展潜力。针对当前休闲体育事业发展中存在的供需不平衡的问题，为满足公众对休闲体育的多样化需求，休闲体育服务体系管理者需要通过提升休闲体育服务的供给品质，结合先进的智能技术，引进多元化的主体，整合优质资源，全面解决休闲体育的需求问题。

（一）民众诉求多元化是未来休闲体育服务体系需要关注的重点

　　优化休闲体育服务体系，首先应该以多元诉求为基础，关注大众的个性需求。健康是全人类关注的重大议题，更是影响广大民众生活品质的核心要素。在当今的社会里，休闲体育越来越被人们所重视，同时，大众对休闲体育的理解和认识也在不断地多元化，其中融入了情感理解、精神体验等元素，推动着休闲体育朝着项目多元化和风格个性化的方向发展。

　　当前的休闲体育事业正在逐步走向多元化。健康和休闲已经成为大众生活方式与理念的新选项，广泛地渗透日常生活的各个领域中，这也是当前推动我国体育文化多元化发展的重要内容之一。随着体育基础设施建设的不断完善，休闲体育项目得到了更广泛的推广，其所包含的功能也愈加丰富多样。社交娱乐、休闲娱乐等多元化的功能正逐步融入休闲体育中，推动着休闲体育实现多元化的发展。同时，休闲体育也在向

生活化发展。在"健康中国"战略的指引下，大众对于体育服务的消费已经从简单的参与体验升级为一种更成熟的生活方式。特别是随着"体育+"内涵的不断丰富，体育事业正逐渐向生活化、社交化、融合化的方向发展。例如，大众通过微信运动、社交媒体等方式分享个人的体育体验，赋予了休闲体育更丰富的内涵。随着价值多元化的发展，休闲体育也正逐渐向个性化发展。现阶段，大众对休闲体育的追求正向个性化、自然化和减压等多个方向发展。例如，以徒步、骑行、露营和航空体育运动等为代表的休闲体育活动，这些活动的发展都在释放大众对于休闲体育的需求，也为大众发展个性化的体育兴趣提供了可能性。

在优化休闲体育服务体系的过程中，应以大众的多元诉求为基础，关注大众个性化的需求。休闲体育的服务应覆盖各种不同的体育活动，这既包括传统的体育活动，如打篮球、踢足球等，也包括新兴的体育活动，如徒步、骑行、露营、航空体育运动等。休闲体育服务体系应尽力满足大众多元化的体育需求，这样才能吸引更多的人参与体育活动。休闲体育服务体系应更深入地了解大众个性化的需求，从而提供更个性化的服务。不同个体具有自己独特的体育需求和兴趣，休闲体育服务体系应以大众为中心，根据人们的需求提供服务。例如，有的人喜欢团体运动，有的人则喜欢个人活动；有的人喜欢竞技性的体育，有的人则喜欢休闲性的体育，应根据这些个性化的需求提供相应的服务。

（二）提升供给质量是未来休闲体育服务体系优化的关键

休闲体育是全面推进"健康中国"战略的重要形态，它的存在和发展不仅是人们健康生活方式的必然选择，也是全社会共同期待的生活新趋势。随着人们健身意识的不断成熟，参与体育活动已经从个人自发自主的需求提升为新的时代主旋律之一。随着生活质量的提高，人们对休闲体育的需求已经从单一的身体锻炼扩展到了心理放松、社交娱乐、个性展现等多个方面。提升休闲体育服务供给质量，意味着提供更具多样性、个性化的服务，更能满足消费者的升级需求。高质量的休闲体育服务供给能够吸引更多的消费者参与，进而推动体育产业的发展。同时，优质的休闲体育服务供给也能够吸引资本投入，促进体育产业链的形成和完善。休闲体育是增强国民体质、提升国民健康水平的重要途径。提升服务供给质量，可以引导更多的人参与休闲体育，从而达到提升全民健康水平的目的。休闲体育已经成为现代生活的一部分，大众对休闲体育的诉求也日益多元化。提升服务供给质量，能够满足不同人群的休闲体育需求，使得休闲体育更好地服务于社会。

随着时代的发展，全民健身已经成为我国推进"健康中国"战略的基本理念，全民健身是提升公众生活质量、增强人民体质的有效方式。在这一理念的指引下，休闲体育服务体系需要以提升休闲体育服务供给质量为基础，全面破解大众体育服务需求的供给难题。这要求休闲体育服务体系必须充分了解大众的体育活动需求，制定科学的体育项目，提供全方位、多层次的体育服务。同时，应利用智慧科技，例如运用大数据、人工智能等技术，分析和预测大众的体育活动需求，提供更为精准、个性化的体育服务，构建一种智慧、可持续的休闲体育发展模式。

为充分适应休闲体育高质量发展的时代要求，休闲体育服务体系还需要立足大众休闲健身的需求，紧扣休闲体育发展的关键主题。休闲体育事业的发展不能脱离大众的需求，而是需要以人为本，关注大众的体育需求，调动全社会共同参与休闲体育活动的积极性。同时，需要集聚优势产业要素与智慧技术，全面提升休闲体育服务质量。通过产业链的优化和升级，集聚全社会优质的体育资源，打造一批高质量的体育品牌和产品，不断提升我国休闲体育事业的整体竞争力。需要充分利用休闲体育政策的多元优势，完善休闲体育的扶持机制。提升服务供给质量，还需要进一步研究和出台一系列鼓励与支持休闲体育发展的政策，优化体育产业的政策环境，引导资本向体育产业集聚，推动体育产业的发展。同时，通过构建智慧驱动、良性循环、种类完善的休闲体育发展体系，充分满足大众对休闲体育的多元期待。

三、数字化是休闲体育服务体系发展的趋势

21世纪是信息化与数字化的时代，休闲体育产业也在经历着深刻的变革。数字化技术的引入不仅为体育运动增添了新的元素，也为休闲体育服务体系的发展提供了新的可能性和方向。

数字化能够为休闲体育服务体系的优化提供强大的助力，这种助力首先表现在提升效率上。在现代休闲体育服务中，数字化技术的一个显著应用成果就是在线预约系统。传统的预约方式通常需要消费者亲自前往场馆，或者通过电话进行预约，这样的方式既不方便，也不高效。然而，通过在线预约系统，消费者可以在任何时间、任何地点通过互联网平台进行预约，大大节省了消费者的时间和精力。同时，通过在线预约系统，消费者可以清晰地看到场地和服务的具体情况，如场地的使用情况、服务的详细介绍等，从而做出更加合理的选择。在线预约系统的使用不仅可以使消费者获益，对运营方也会带来很大的优势。通过这个系统，运营方可以更加准确地了解场地的使用情况，从而进行更为合理的场地分配和人员调度，提高场地使用率和运营效益。此外，这个系统还可以帮助运营方更好地管理库存，例如，运营方可以根据预约的数据预测未来的需求，从而进行更加精确的库存管理，减少库存积压和浪费。数字化技术还可以通过提供大量的数据，帮助运营方更好地了解消费者的行为和需求。通过分析这些数据，运营方可以更加精准地设计和提供服务，满足消费者的需求，从而提高消费者的满意度，吸引更多的消费者，最终提升服务的使用率和场馆的运营效率。

其次，数字化还能增强休闲体育服务的互动性，在现代社会，人们的生活越来越深地受到网络和社交媒体的影响，运动也是如此。通过数字化技术，体育活动可以突破物理空间的限制，变得更加社会化和互动化。社交平台的应用是数字化技术改变体育活动的一种重要方式。在这些平台上，用户可以轻松地分享各自的运动数据和体验。例如，用户可

以上传自己的运动照片和视频，记录自己的运动轨迹和成果，分享自己的运动故事和感受。这些分享不仅可以激励用户自身继续努力，也可以激发其他人的运动热情和兴趣。此外，通过数字化技术，休闲体育服务体系也可以为用户提供更加个性化和互动化的服务。例如，休闲体育服务体系可以根据用户的运动数据和喜好提供个性化的训练计划和建议，也可以通过在线课程和直播让用户与教练进行实时交流互动，提高用户的运动效果和体验。

最后，数字化还能丰富休闲体育服务的体验。数字化技术的迅速发展和广泛应用，正在为休闲体育活动带来前所未有的丰富体验。其中，虚拟现实（VR）和增强现实（AR）技术以其独特的魅力，让休闲体育活动更加生动、有趣和充满想象力。

VR技术能够创建一种全新的、虚拟的运动环境，让用户能够在家中就能体验与真实场景相似的运动体验。例如，通过VR技术，用户可以在虚拟的羽毛球场上打羽毛球，或在虚拟的山地中骑行。在这些活动过程中，用户不仅能享受运动带来的乐趣，还能沉浸在一个全新的、刺激的虚拟世界中。这种全新的运动体验，无疑让休闲体育活动更加吸引人，更加有趣。而AR技术可以在真实的运动环境中添加虚拟的元素，增强运动的趣味性和互动性。例如，用户可以在公园跑步的时候，通过AR技术看到虚拟的挑战和奖励，这既能增加运动的趣味性，也能激励用户更加积极地参与运动。此外，数字化技术还可以通过手机App等设备，为用户提供个性化的运动服务。这些App可以记录用户的运动数据，如运动时间、距离、消耗的热量等，帮助用户了解自己的运动情况。同时，这些App还可以根据用户的运动数据和目标，提供个性化的运动建议和指导，帮助用户提高运动效果，实现健身目标。这种个性化的服务，无疑让运动体验更加丰富，更加贴合用户的需求。

第二节　展望

一、休闲体育服务体系中的创新技术应用

技术创新一直是推动各行各业发展的重要动力，体育服务领域也不例外。在 21 世纪这个科技飞速发展的时代，新兴科技，如人工智能、大数据、区块链等，已经或正在改变体育服务行业的发展模式和面貌，帮助休闲体育服务体系提供更个性化、智能化和便捷化的服务。

（一）人工智能

人工智能 AI 对于未来休闲体育服务体系的发展确实具有非常重要的推动作用。这一新兴技术，作为一种模拟和延伸人的智能的手段，以学习能力和适应能力为核心。在休闲体育服务体系中，人工智能的应用可以促使服务更加精细化、个性化，显著提升服务质量和效率，从而使服务体系更好地发挥推动公众健康发展的作用。

人工智能的应用首先表现在个性化健康方案的制定上。通过收集和学习用户的运动数据，AI 能够理解并预测用户的需求，制定个性化的健康方案。例如，AI 健身教练可以根据用户的体质、年龄、健康状况以及健身目标，为其定制一套科学的运动方案。这套方案不仅充分考虑了用户的身体条件，也兼顾了用户的心理偏好，更具针对性和有效性。同时，这种个性化的服务也能激发用户的健身积极性，帮助用户养成定期运动的良好习惯。AI 健身教练还能通过智能监测用户的运动表现，自动调整运动方案。通过对用户运动状态的实时反馈，AI 健身教练能够以合适的强度增幅定期调整运动方案，既能最大限度地避免过度训练可能导致的身体损伤，又可以根据用户体能的改善适时提高训练强度，以达到更好

的锻炼效果。这种灵活性和精准性，使得人工智能在休闲体育服务中的价值得到了充分的发挥。

人工智能还可以应用于运动器材的设计和制造中。传统的运动器材往往只能满足大众的普遍需求，而难以兼顾个体的特殊需求。然而，AI技术可以通过精准分析用户的运动习惯和需求，打造更加人性化的运动器材。例如，AI可以设计出能够自动调整运动强度和角度的健身器材，也可以开发出能够实时监测用户运动状态，提供运动反馈和建议的智能运动设备。这些创新性的运动器材不仅可以提高用户的运动体验，也有助于提升运动效果，从而促进公众的健康。

人工智能的引入无疑能够为未来休闲体育服务体系的发展提供强大的动力。通过精准的数据分析和智能化的服务供给，人工智能将大大提升休闲体育服务体系的服务效率和质量。

（二）大数据

大数据是近年来科技进步的重要成果之一，其指的是那些无法在一定时间范围内用常规软件工具进行捕捉、管理和处理的大规模数据集。在休闲体育服务体系中，大数据的潜力和价值不可估量，不仅可以用来收集和分析休闲体育的需求和趋势，帮助休闲体育服务体系提供更符合市场需求的服务，而且也可以通过优化运动场地的设计和管理，为公众提供更好的运动环境，从而在很大程度上推动公众健康生活水平的提升。

通过收集和分析用户的运动数据，休闲体育服务提供者可以更准确地掌握公众的运动需求。在具体操作中，这可能涉及收集用户的运动习惯、运动偏好、运动频率、运动时长等数据，然后利用大数据分析技术，将这些零散、复杂的数据进行有效整合，从中发现用户的需求规律和需求特点。这种基于大数据的需求分析，可以提供更为精细、个性化的信息点，从而帮助服务提供者更好地满足用户的需求，提高服务的用户满意度。

通过收集和分析运动设施的使用数据，以及相关的市场数据，休闲体育服务提供者可以发现市场的新趋势。例如，休闲体育服务提供者可以通过分析各种运动设施的使用频率、使用时长等数据，了解哪些运动设施更受欢迎，哪些运动设施需求较少，从而在设施的配置和更新上做出合理决策。同时，休闲体育服务提供者也可以通过分析各种市场数据，了解休闲体育的发展趋势，预见市场的变化，从而提前做好服务策略的调整和优化。

大数据也可以用来优化运动场地的设计和管理。通过分析运动场地的使用数据，休闲体育服务提供者可以更科学地规划运动场地的布局，例如，可以根据运动项目的热门程度，适当调整运动场地的区域划分；也可以根据运动场地的使用情况，及时调整运动场地的开放时间、管理规则等。这些基于大数据的优化举措，可以提高运动场地的使用效率，为公众提供更好的运动环境。

（三）区块链

区块链是一种分布式数据库技术，它的核心特性是数据的不可篡改性和透明性。在休闲体育服务体系中，区块链可以用来保护用户的数据安全和个人隐私。例如，用户的运动数据、健康数据、个人信息等，都可以通过区块链技术进行加密存储，防止数据被未经授权的第三方获取和利用。同时，区块链的透明性也可以增强公众对休闲体育服务提供者的信任感。例如，休闲体育服务提供者可以通过区块链技术，公开透明地展示其服务过程，让公众可以清楚地了解其服务的质量和效果。

随着技术的进步以及时代的发展，以人工智能、大数据、区块链为代表的技术创新，在休闲体育服务体系中的应用愈发广泛。随着新兴技术的不断发展和深化应用，人们有理由相信，未来的休闲体育服务体系将会变得更加智能化、个性化和便捷化，为公众提供更高品质的运动服务，进一步提升公众的健康水平。然而，同时人们也要看到，技术创新虽然带来了很多机会，但也带来了一些挑战，例如，如何确保数据的安全、如何处理技术的伦理问题等。因此，未来在推动休闲体育服务体系的技术创新的同时，人们也需要关注并积极应对这些挑战，以确保技术创新的健康和可持续发展。

二、服务模式创新

服务模式创新是未来休闲体育服务体系发展的重要方向。随着公众的生活方式和消费观念的变化，传统的体育服务方式已经无法满足公众多元化、个性化的需求。因此，休闲体育服务体系应该注重提供更加多元化和差异化的服务，以满足公众不同的需求和期待。

（一）线上线下相结合

未来的休闲体育服务体系可以采用线上线下相结合的方式，满足不同人群的需求，这种融合模式正是科技进步带给人们的机遇。随着互联网技术的发展，线上的体育服务已经吸引越来越多的人体验，但同时，线下的体育服务仍然有其无可替代的优点。因此，将这两者相结合，形成线上线下融合的休闲体育服务体系，无疑是推动公众生活健康发展的有效途径。

线上的体育服务以其便捷性和灵活性，越来越受到公众的欢迎。一些互联网公司推出在线健身课程，如瑜伽课、健身操课、跑步指导等，让人们可以在家中就能进行健身锻炼，无须花费额外的时间和金钱去健身房或运动场地。此外，线上体育服务还可以利用大数据和人工智能等技术，提供个性化的运动方案和专业的健身指导，进一步提升服务的质量和效果。

线下的体育服务同样有其独特的优势，特别是对于需要面对面指导和互动，或者需要专业设备的运动项目，线下体育服务是无法被替代的。例如，游泳、打篮球、踢足球等运动，由于具有特殊的性质，需要在专业的运动场地进行，需要和他人进行互动，这是线上体育服务无法提供的。同时，线下体育服务还可以提供更为直接的互动和实时的服务，例如，教练可以根据运动员的实际表现，及时调整训练方案，提出有针对性的指导意见和建议。

未来的休闲体育服务体系应该注重线上线下相结合，让公众可以根据自己的需求和喜好，选择适合自己的体育服务方式。为此，体育服务提供者可以推出线上线下相结合的会员服务，让公众既能享受线上服务的便捷和个性化，又能享受线下服务的专业性和互动性。例如，会员可以在线上平台预约线下的课程和场地，也可以在线上平台查看运动数据和健身建议，享受全方位的体育服务。通过这种方式，体育服务提供者可以更好地满足公众的体育需求，提升服务的效果和满意度，从而在更大程度上推动公众健康生活水平的提升。

（二）注重提升服务的趣味性和吸引力

在未来，休闲体育服务体系的发展除了需要注重技术应用和线上线下的融合，还需要注重提升服务的趣味性和吸引力。体育运动本身就是一种乐趣，如果能够将更多的趣味性和吸引力融入体育服务中，就有可能吸引更多的人参与体育运动，进一步提升公众的健康水平。

为了增强休闲体育服务的趣味性和吸引力，服务提供者可以采取多种方式。首先，可以设立各类体验馆，让公众可以亲身体验不同的体育运动。例如，攀岩体验馆可以提供专业的设备和指导，让公众可以安全地体验攀岩的乐趣；瑜伽体验馆可以提供舒适的环境和专业的教练，让公众可以深入了解和体验瑜伽的魅力；水上运动体验馆则可以提供各种水上运动设备，让公众可以体验划船、冲浪等运动的乐趣。通过设立各类体验馆这一方式，公众不仅可以尝试不同的体育运动，找到自己喜欢的运动项目，还可以在运动中得到乐趣，增强对体育运动的热爱。

此外，服务提供者还可以定期举办各类主题活动，以增强公众的运动兴趣，鼓励公众更积极地参与体育运动。例如，可以举办健康跑活动，让公众在享受跑步的乐趣的同时，也能增强身体素质，提升健康水平；可以举办瑜伽节活动，让公众在参与瑜伽课程的同时，也能深入了解瑜伽的文化和精神，提高自我修养；也可以举办马拉松比赛等全民健身活动，让公众在挑战自我的同时，也能增强团队精神，提升社区凝聚力。这些丰富多彩的活动，不仅能让公众在运动中得到乐趣，也能让公众更积极地参与体育运动，从而更好地提升公众的健康水平。

服务模式的创新并不是一蹴而就的，而是需要在实践中不断试验和完善的。在这个过程中，休闲体育服务提供者需要关注公众的反馈，及时调整服务模式，以确保服务能够真正满足公众的需求。例如，服务提供者可以通过用户调查、数据分析等方式，了解公众对于服务的满意度，对于新的服务模式的接受程度，以及公众的新的需求和期望，从而及时调整服务内容和方式，提升服务质量和效果。

三、社区化创新

社区化创新是未来休闲体育服务体系发展的关键环节，其目标是将休闲体育更深入地融入社区生活，借助社区资源，组织各类健康推广活动，以提高社区居民的健康素养和参与度。

（一）深入社区

社区化创新在未来休闲体育服务体系的发展中将发挥十分重要的作用。社区是人们生活的基本单位之一，每日的许多活动都在社区中进行。因此，将休闲体育服务深度融入社区生活，将体育健身理念落实到社区居民的日常生活中，无疑可以使更多的人更方便地接触和参与体育活动，从而提高人们的健康水平。

首先，可以在社区内建立各种体育设施。例如，社区健身房、运动场等，都可以为社区居民提供方便的运动空间。这些设施应尽可能覆盖各种运动类型，如力量训练、团队运动等，以满足不同居民的运动需求。同时，社区健身房和运动场的开放时间应尽可能延长，以适应居民的不同生活节奏。其次，社区体育服务也可以提供专业的健身指导和健康咨询。例如，可以邀请专业的健身教练和健康顾问定期到访社区，为居民提供健身训练指导，帮助居民制定合理的运动计划，提高运动效果。再次，也可以通过线上平台，为社区居民提供健康资讯和健身教程，使居民在家中也能获取健康知识和锻炼方法。最后，社区也是组织各种健康推广活动的理想场所。例如，可以定期在社区举办健康跑、瑜伽课程、舞蹈课程等活动，鼓励社区居民参与，提高居民的运动积极性。这些活动不仅能够促进居民的身心健康，还能增进邻里之间的互动，提升社区的凝聚力。

（二）充分利用资源

社区化创新的一个重要方面是充分利用社区资源，通过最大限度地使用和管理这些资源，为居民提供更有效、更便捷的休闲体育服务，进一步提升居民的健康水平。

社区拥有丰富的空间资源。这些空间资源包括公园、广场、空地、运动设施区域等，都可以作为休闲体育活动的场所。例如，可以在社区的公园里举办晨练活动，邀请居民参与其中。同时，社区的广场或空地也可以用来举办夜跑活动，或者开展瑜伽、太极等课程。这种利用社区空间资源的方式，不仅可以节省体育服务的场地费用，也可以让体育活动更加贴近居民的生活，增加居民参与的可能性。社区的人力资源也是一项重要的资源。社区中有许多有意愿、有能力参与社区服务的志愿者，他们可以在体育活动的组织和实施中发挥重要的作用。例如，可以通过培训社区志愿者，使志愿者掌握一些基本的健身指导技巧，从而使其成为体育活动的组织者和引导者。这样既可以减轻专业教练的工作负担，提高体育服务的供给效率，也能让志愿者有机会贡献自己的力量，服务社区。此外，社区的社会关系资源也是一项宝贵的资源。社区居民之间的邻里关系、友好关系，都可以为体育活动的推广和实施提供有力的支持。例如，社区工作人员通过邻里之间的口碑传播，可以有效地推广体育活动，吸引更多的人参与其中。同时，建立友好的社区成员关系，可以提高居民对社区体育活动的认同感和满意度，使居民更愿意持续参与相关活动，形成健康的生活习惯。

（三）提升居民参与度

社区化创新在提升居民参与度和健康素养方面发挥着重要作用。通过积极开展各种健康推广活动，如健康讲座、健身比赛、健康咨询日等，社区化创新不仅可以提高居民的健康意识，也可以激发居民参与体育活动的积极性。

举办健康讲座是提升社区居民健康素养的有效方式。通过邀请专业的医生或健康顾问，社区可以为居民提供关于运动与健康的专业知识，使居民更深入地了解运动对健康的重要性。这种理论与实践相结合的方式，使居民有机会在理论上对健康有更深的理解，在实践中更有针对性地进行健身锻炼。此外，健康讲座还可以提供一个平台，让社区居民有机会交流自己的健康经验，分享自己的健康故事，从而形成一种健康向上的社区文化。

举办健身比赛也是一种激发社区居民运动热情的有效方法。通过组织各种形式的健身比赛，如跑步比赛、瑜伽比赛、体能挑战等，社区化创新可以创造一个具有竞技精神的环境，激发居民的运动热情。比赛不仅可以为居民提供展示运动技能的平台，也可以鼓励居民为了比赛而进行有规律的锻炼，从而形成持续的健身行为。此外，比赛还可以通过团队协作或互动的方式，增进社区居民之间的友谊，提升社区的凝聚力。

设立健康咨询日也是社区化创新的一种重要方式。在健康咨询日，社区可以邀请专业的健康顾问为居民提供个性化的健康指导，如饮食建议、运动计划等。这种个性化的服务可以根据居民的健康状况和生活习惯，帮助居民制定适合自己的健康计划。通过这种方式，社区化创新不仅可以提供更加专业的健康服务，也可以使居民感受到社区对自身健康的关注，提高居民对健康生活的积极态度。

社区化创新的最终目标是创建一种健康向上、充满活力的社区环境。在这样的环境中，休闲体育成为人们日常生活的一部分，居民的健康素养和参与度得到了大幅提高，人们的生活质量也因此得到了提升。例如，社区可以设立健康角落，提供各种健康资料，让居民在日常生活中可以随时获取健康信息；社区还可以成立健康社团，组织居民定期进行团体运动，让居民在享受运动乐趣的同时，也能得到有效的锻炼。通过这些方式，社区化创新为休闲体育提供了一个实践的平台，使休闲体育更好地融入居民的日常生活中，提高了居民的健康素养和生活质量。

四、健康教育创新

健康教育创新在未来休闲体育服务体系中的重要性不言而喻。其关键是加强健康教育的推广力度，将健康知识融入休闲体育活动中，强调体育促进人们健康水平的这一根本作用，以便公众在享受运动乐趣的同时，也能提高健康素养，养成良好的生活方式。

（一）认识健康教育的重要性

认识健康教育的重要性对于当今社会中的每个人都至关重要。健康是人们生活的基石，它支撑着人们的工作、学习和娱乐。没有健康，人们的生活将无法进行。健康教育是提升人们健康水平的关键手段，它可以帮助人们了解如何维护和提升健康水平，预防和治疗各种疾病。

健康教育的重要性不仅仅在于提供知识。健康教育还可以帮助人们形成正确的健康观念，养成科学的生活方式。一种正确的健康观念可以指导人们做出有益健康的选择，比如合理饮食、适当运动、良好的睡眠习惯等。而一种科学的生活方式可以帮助人们减少各种健康问题的发生，提高人们的生活质量。体育活动作为一种促进健康的有效方式，其内涵和价值远不止于运动本身。首先，运动可以直接提升人们的身体素质，增强人们的免疫力，预防各种疾病。其次，运动还可以帮助人们缓解压力，提高心理健康水平。再次，运动还可以培养人们的团队精神，提高人们的社交技巧。最后，更重要的一点，体育活动包含了健康教育的重要内容。在运动中，人们可以学习如何正确地进行运动，如何防止运动伤害，如何在运动后进行恢复等健康知识。这些知识不仅可以帮助人们更好地参与运动，也可以提升人们的健康水平。

因此，将健康教育融入休闲体育活动中，是实现休闲体育服务体系创新的关键途径之一。休闲体育服务提供者可以通过设计健康主题的体育课程，组织健康主题的体育活动，建立健康教育平台等方式，将健康教育的内容融入休闲体育活动，让公众在参与运动的同时，也能学到健康知识，提高健康素养。

（二）推动健康教育创新

在推进人们健康生活的休闲体育服务体系优化过程中，有关健康教育的创新将起到非常重要的作用。其中，体育和健康教育的深度结合不仅能够增长公众的健康知识，也能够提高公众的生活质量。

在课程内容方面，可以考虑设计一系列与健康教育相关的体育课程。例如，健康饮食课程可以教授公众如何通过合理饮食提高身体素质，增强免疫力，预防各种疾病。运动保健课程可以让公众了解如何通过运动保持健康，预防受伤，以及如何在受伤后通过运动加速康复。应对压力的运动课程可以让公众了解如何通过运动缓解压力，提高心理健康水平。这些课程的设计不仅要考虑到运动的技术和策略，还要考虑到健康的多个方面，包括饮食、心理、生活方式等。

在活动形式上，可以创新性地设计各种健康主题的体育活动。例如，马拉松健康跑可以让公众在参与运动的同时，了解和体验健康的生活方式。健康体验营可以让公众在短期内体验和学习各种健康的生活习惯和运动方式。健康公益行可以让公众在参与社会公益活动的同时，提高自己的健康素养。此外，还可以通过建立健康教育平台，提供在线健康咨询、健康测评等服务。其中，在线健康咨询可以让公众在遇到健康问题时，方便快捷地获取专业的建议和帮助。健康测评可以让公众了解自己的健康状况，从而制定合理的运动和饮食计划。这种在线平台可以打破时间和地点的限制，让公众在任何时间、任何地点都能获取健康教育知识和服务。

（三）协助公众落实健康观念

健康教育创新还需要涉及公众健康观念的改变。众所周知，养成良好的生活方式并不是一蹴而就的事情，而是需要通过持续的努力和行为改变才能实现的。因此，健康体育不仅需要让公众了解健康知识，更需要引导公众将知识转化为行动，真正地养成良好的生活方式。这就需要设计出一套有效的健康行为改变策略，例如，可以利用行为经济学的原理，设计出各种鼓励健康行为的激励机制；也可以利用社会心理学的理论，通过社区的力量，引导公众养成良好的生活习惯。

五、产业链整合创新

产业链整合创新是推动未来休闲体育服务体系发展的另一重要途径。其核心是推动体育产业与其他产业的跨界融合，打造全方位的休闲体育服务体系。如此，体育产业可以与旅游业、康复医疗业、教育业等多元领域进行协同，共同提升公众的健康水平。

（一）体育与旅游相结合

体育与旅游相融合是未来休闲体育服务体系发展的重要趋势，这种融合不仅可以满足人们对休闲和健康的需求，而且也可以为公众提供更为丰富和多元化的体育活动，进一步提升公众的健康水平。

　　体育与旅游相结合的形式多种多样，可以满足不同人群的需求。例如，对于喜欢户外活动的人来说，徒步旅行或者自行车旅行是不错的选择。户外活动爱好者可以在欣赏美丽风景的同时，享受运动带来的乐趣，也可以在旅行中挑战自我，提高自己的耐力和体能。对于喜欢刺激运动的人来说，冲浪旅行或者滑雪旅行可以满足自己的需求。刺激运动爱好者可以在享受刺激感觉的同时，也能锻炼自己的身体，增强自己的平衡感和协调能力。体育与旅游相结合，还可以帮助人们更好地融入旅游目的地的文化中。

　　在旅行中进行体育活动，人们不仅可以体验不同地方的自然风光，也可以了解旅游目的地的文化和习俗。例如，通过参加当地的体育活动，如龙舟比赛、民族体育比赛等，人们可以更深入地了解和体验当地的传统文化。同时，人们也可以通过体育活动，与当地的居民进行交流，增进彼此的了解和友谊。此外，体育与旅游相结合，也可以为人们提供更多的健身机会。在旅行中，人们可以选择不同的体育活动，根据自己的兴趣和体能，安排合适的运动项目。这既可以增强人们的体质，也可以让人们在旅行中收获快乐，从而提高生活质量。

（二）体育与康复医疗的融合

　　体育与康复医疗的融合将在未来的休闲体育服务体系中发挥关键作用。在这一视角下，体育不仅是一种娱乐活动，还是一种康复和治疗的工具，它可以帮助人们恢复身体功能，提高生活质量，同时也能提供更多的选择和可能性，以满足社会各界人士的需求。

　　体育康复的概念并非新生事物。其实，在很多情况下，医生和物理治疗师会推荐病人进行适当的运动，以加快康复过程，恢复身体功能。例如，对于受伤或手术后的病人，体育康复疗法常被用于帮助他们恢复肌肉力量和灵活性。对于患有慢性疾病，如心脏病或糖尿病的人，定期进行适度运动能够帮助控制病情，提高生活质量。这种体育与康复医疗的融合为公众提供了更多选择。对于那些希望在恢复过程中更加积极和主动的病人，体育康复是一种理想的选择。通过合理地参与运动，病人不仅可以提高自己的身体素质，还能提高生活质量，更好地应对日常生活中的挑战。

体育康复也提供了一种全新的服务方式，可以弥补传统康复医疗的不足。与传统的康复疗法相比，体育康复更注重患者的主观能动性和全身协调性，更加重视提高患者的生活质量和身心健康水平。而体育康复需要在理论与实践中不断尝试和探索。其中的关键是将医疗理论与运动训练相结合，形成一套科学的运动康复方案。体育与康复医疗的融合需要研究者在体育科学、医学、生理学等多个领域进行深入的研究，同时也需要研究者紧密地与医疗机构、专业教练和患者进行合作，共同推动体育康复的发展。

（三）体育活动与教育相结合

体育活动与教育相结合在休闲体育服务体系中占有非常重要的地位，这种结合不仅有助于提高公众的身体素质，也对公众的心理健康和社会发展起着积极作用。从小学到大学，体育在学生的全面发展中起着十分重要的作用。

体育是一种极好的健身方式。它可以帮助学生保持健康的体重，增强免疫力，提高心肺功能，并对其他一系列身体条件产生正面影响。另外，定期的运动还可以帮助学生培养积极的生活习惯，预防各种慢性疾病，如心脏病、糖尿病、肥胖等。体育活动可以帮助学生培养团队精神，学习如何合作和沟通。这些技能在学生的日常生活和未来的职业生涯中都有着重要的作用。同时，参与体育活动还能增强学生的自信心，帮助学生建立积极的自我形象，改善学生的社交技巧。体育可以塑造学生的性格，培养学生的坚韧品格和决心。在体育活动中，学生需要面对困难和挑战，这需要学生有坚韧不拔的精神和决心。这种经历可以帮助学生在面对生活的困难和挫折时，保持乐观和坚韧的态度。

在竞技体育领域，教育也起着关键的作用。体育训练不仅需要体力，更需要头脑和策略。通过教育，运动员可以学习如何更好地理解和应用运动规则，如何制定和执行策略，如何分析和应对对手的动作等。这些技能不仅可以提高运动员的竞技水平，也可以帮助运动员在竞赛中保持冷静和理智。体育活动与教育的融合将在推动公众健康，提升社会素养，提高竞技水平等多个方面发挥重要作用。为了实现体育活动与教育相结合的目标，人们需要在课程设计、教师培训、设施提供等多个方面进行努力，确保体育课程的普及和授课效果的提升，满足公众的体育需求和健康需求。

参考文献

[1] 田宝山.体育社会组织建设与群众体育实践探索 [M].北京：原子能出版社，2018.

[2] 李静文.休闲体育产业与经营管理 [M].北京：新华出版社，2017.

[3] 沈芸.休闲体育与全民健身研究 [M].西安：西安交通大学出版社，2017.

[4] 史连峰，吴立娟.休闲体育与全民健身 [M].长春：吉林文史出版社，2017.

[5] 王军红.体育健康产业创新发展研究 [M].长春：吉林人民出版社，2020.

[6] 柳伯力.休闲视角中的体育旅游 [M].成都：电子科技大学出版社，2007.

[7] 陈娇霞，蔺丽萍，靳贤胜.体育健康与科学健身 [M].成都：电子科技大学出版社，2009.

[8] 薛雨平.休闲体育的多维度研究 [M].北京：九州出版社，2017.

[9] 董进霞，刘卫军.休闲体育 [M].北京：人民体育出版社，2006.

[10] 王金壮，王发昌.休闲体育与社会体育的发展 [M].北京：中国戏剧出版社，2012.

[11] 吴地固. 休闲体育服务概论 [M]. 桂林：广西师范大学出版社，2018.

[12] 张启明, 俞金英. 休闲体育经营与管理 [M]. 厦门: 厦门大学出版社，2008.

[13] 谢朝波. 当代体育产业发展与体育行为心理探究 [M]. 北京：北京日报出版社，2019.

[14] 李延超. 运动休闲管理 [M]. 上海：复旦大学出版社，2014.

[15] 秦学, 李秀斌, 顾晓艳. 休闲经营管理 [M]. 北京：中国科学技术出版社，2010.

[16] 胡小明. 体育休闲论 [M]. 成都：四川科学技术出版社，2008.

[17] 朱寒笑. 中国城市体育休闲服务组织体系研究 [M]. 北京：北京体育大学出版社，2009.

[18] 董新军. 社区公共体育服务供给侧改革研究 [M]. 长春：吉林人民出版社，2019.

[19] 钟天朗. 体育服务业导论 [M]. 上海：复旦大学出版社，2008.

[20] 许宗祥. 休闲体育概论 [M]. 北京：人民体育出版社，2007.

[21] 任波. 体育产业与城市化耦合发展机理及其效应研究 [D]. 上海：上海体育学院，2021.

[22] 高乐. 我国休闲体育产业高质量发展评价及其影响因素研究 [D]. 太原：山西财经大学，2021.

[23] 聂瑶. 区域城市群休闲体育消费质量的评估评价研究 [D]. 西安：西安体育学院，2021.

[24] 钟欢. 人类生命休闲的体育哲学考察 [D]. 南昌：江西师范大学，2021.

[25] 田海波. 休闲体育专门化表现特征研究 [D]. 杭州：浙江大学，

2021.

[26] 吴康会.我国休闲体育产业创新生态系统演化研究[D].太原：山西财经大学，2020.

[27] 赵红梅.休闲体育产业生态系统演化分析[D].太原：山西财经大学，2020.

[28] 范洁.休闲体育产业生态系统效率及影响因素研究[D].太原：山西财经大学，2020.

[29] 陈景强.生态文明视域下城市居民休闲体育消费发展研究[D].武汉：武汉体育学院，2020.

[30] 单凤霞.生态文明视域下我国城市休闲体育发展研究[D].上海：上海体育学院，2019.

[31] 马洪涛.北京市体育健身休闲产业政策分析[D].北京：中国地质大学（北京），2018.

[32] 刘臣超.大学生休闲体育服务满意度及影响因素分析[D].长春：东北师范大学，2018.

[33] 纪昕圻.北京市居民休闲体育空间发展的研究[D].北京：首都体育学院，2018.

[34] 张杨.山东省高校大学生休闲体育服务体系的研究[D].济南：山东师范大学，2014.

[35] 张晨龙.沈阳市休闲体育产业市场运行构成要素研究[D].沈阳：沈阳体育学院，2014.

[36] 张森.中美两国体育休闲产业比较分析研究[D].苏州：苏州大学，2013.

[37] 杨璐璐.新常态下中国休闲体育产业发展对策研究[J].当代体育科技，2023，13（9）:85-88.

[38] 喻袁崛，喻坚.新时代县域休闲体育产业高质量发展的战略机遇与路径选择 [J].乐山师范学院学报，2023，38（4）:116-123，133.

[39] 马伟伟.我国休闲体育发展现状及可持续发展策略 [J].现代商贸工业，2023，44（6）:87-88.

[40] 张科，王凯."互联网+"视角下休闲体育公共服务的特征及系统构建 [J].互联网周刊，2022（22）:64-66.

[41] 李宏滨.乡村振兴背景下农村休闲体育发展对策 [J].农村经济与科技，2022，33（20）:160-162.

[42] 韩垚.休闲体育产业与数字经济深度融合的机制及路径 [J].产业创新研究，2022（19）:136-138.

[43] 吴敬恒.刍议人工智能时代休闲体育产业的发展 [J].哈尔滨职业技术学院学报，2022（5）:133-135.

[44] 喻袁崛，喻坚.城市休闲体育旅游业态相关问题探讨 [J].未来城市设计与运营，2022（7）:52-57.

[45] 单凤霞.城市休闲体育研究：综述与展望 [J].山东体育科技，2022，44（2）:8-14.

[46] 吴敬恒.影响休闲体育发展的因素及优化策略 [J].哈尔滨职业技术学院学报，2022（2）:137-139.

[47] 李英达.论休闲体育产业对我国经济持续发展的重要作用 [J].中国管理信息化，2021，24（19）:145-146.

[48] 信利娜.我国休闲体育产业管理优化路径探究 [J].决策探索（下），2021（9）:90-91.

[49] 锋琳.休闲体育与文旅融合的发展研究 [J].经济研究导刊，2021（24）:121-123.

[50] 曹原，吕树庭 . 再议群众体育、社会体育与休闲体育：概念间关系的梳理与辨析 [J]. 广州体育学院学报，2021，41（3）:6-10，35.

[51] 裴水廷 . 新常态下我国休闲体育产业发展对策研究 [J]. 中国管理信息化，2021，24（10）:181-182.

[52] 郑锋，尹碧昌，胡雅静 . 新时代休闲体育的价值意蕴与实践理论 [J]. 西安体育学院学报，2021，38（3）:322-326.

[53] 聂上伟 . 生态文明视域下城市休闲体育发展研究 [J]. 黑龙江科学，2021，12（4）:116-117.

[54] 张瀚中 . 中国传统休闲哲学在现代休闲体育中的应用研究 [J]. 武术研究，2021，6（2）:54-56.

[55] 黎勇军，彭律成，全爱清 . 互联网时代休闲体育公共服务体系研究 [J]. 花炮科技与市场，2020（2）:95-96.

[56] 常丽超，肖欢欢，王玉扩，等 . 河北省休闲体育公共服务提升路径研究 [J]. 当代体育科技，2020，10（12）:201，205.

[57] 吕永胜，石振国 . 我国休闲体育教育的现状、困境及路径选择 [J]. 吉林体育学院学报，2020，36（2）:78-82.

[58] 彭律成，唐夏琳，黎勇军 . 城市社区休闲体育公共服务体系构建研究 [J]. 造纸装备及材料，2020，49（2）:54-55.

[59] 张冬亮 . 新时代背景下城市休闲体育发展的现状研究 [J]. 国际公关，2020（2）:30.

[60] 张冬亮 . 试论全民健身与休闲体育的协调发展 [J]. 国际公关，2020，（1）:281.

[61] 万鹏 . 浅谈"互联网 +"背景下休闲体育的发展 [J]. 当代体育科技，2019，9（32）:207-208.